우리 병원
대화는 건강한가?

우리 병원 대화는 건강한가?
의료 커뮤니케이션을 위한 비폭력대화

2014년 05월 15일 초판 1쇄
2016년 10월 20일 초판 2쇄 발행

지은이   멜라니 시어스
옮긴이   이광자
감수   캐서린 한
펴낸이   캐서린 한
편집   한국NVC센터
펴낸곳   한국NVC센터

등록   2008년 4월 4일 제300-2012-216호
주소   (06159) 서울특별시 강남구 삼성로 95길 23, 3층(삼성동, 남양빌딩)
전화   02-3142-5586 / 팩스 02-325-5587
이메일   book@krnvc.org
웹사이트 www.krnvc.org
대표문의 nvccenter@krnvc.org 02-6291-5585

ISBN 979-11-85121-04-8 04180
ISBN 978-89-961048-9-6 (세트)

* 값은 뒤표지에 있습니다. * 잘못 만든 책은 바꿔드립니다.
* 이 책의 제작에 도움을 주신 이주현님에게 감사드립니다.

비폭력대화(NVC) 작은책 시리즈 ❷

우리 병원 대화는 건강한가?

의료 커뮤니케이션을 위한 비폭력대화

멜라니 시어스Melanie Sears 지음 | 이광자 옮김

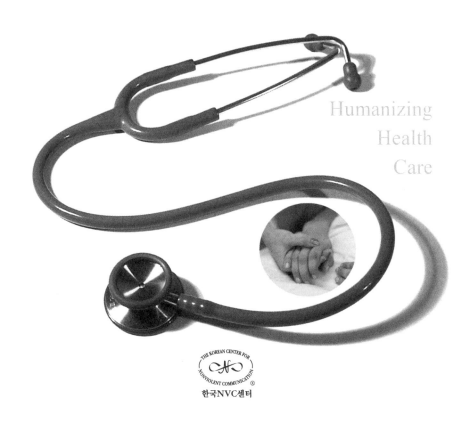

Humanizing
Health
Care

THE KOREAN CENTER FOR
NONVIOLENT COMMUNICATION ®
한국NVC센터

"의료계에 있는 사람들이 환자의 욕구와 감정에 대해 정확하게 소통할 줄 알면, 모든 의료 영역에 변화가 올 것입니다. 우리의 마음이 열리겠지요. 그리고 우리가 할 수 있는 최상의 의료를 주고받을 수 있을 겁니다. 여기에 감히 조언하겠습니다. 이 책을 읽고 실천하세요. 이 책이 전달하는 메시지는 사람의 생명을 살리는 방법입니다."

-크리스티안 노스럽Christiane Northrup(의학박사, 산부인과 전문의),
《여성의 몸 여성의 지혜Women's bodies, Women's Wisdom》의 저자

"더 나은 소통기술을 간단하고 설득력 있게 정리한 이 책은, 실용적이고 아름다운 구조로 꾸며져 있습니다. 저자는 정신병동에서 일어나는 예를 들어서 소통의 방법을 설명하고 있지만, 이 소통 기술은 누군가와 연민으로 연결하기 위해서는 어디에서나 쓸 수 있는 것입니다. 그 사람이 환자이건, 상담하러 온 내담자이건, 학생이건, 친구이건, 또는 가족 안에서건 말입니다. 실로 멋진 책입니다."

- 피터 R. 브레긴Peter R. Breggin(의학박사),
《광적인 투약Medication Madness》의 저자

"드디어, 의료기관이 변해야만 하는 이유를 알려주는 책이 나왔군요! 환자를 단순히 진단하고 분류하고 판단하던 것을 연민으로 돌보고 연결을 통해 건강을 회복하고 치유하는 것으로 전환할 수 있는 가능성을 보여주는 책입니다."

-실비아 하스크비츠Sylvia Haskvits(영양사, NVC 인증지도자),
《습관이 아닌 선택으로 먹기Eat by Choice, Not by Habit》의 저자

"건강을 회복하는 과정에서 서로 도움을 주는 동반자가 되기를 바라는 모든 의료인과 환자에게 소중한 자료입니다. 이 책은 외상trauma에 대해 잘 알고, 외상에 민감하게 대응할 수 있는 환경을 만드는 데 필요한 쓸모 있는 기술을 보여주고 있습니다."

-도나 리머Donna Riemer
(간호사, 정신건강 치료 간호사, 외상외과 전문가)

"이 책에서 멜라니 시어스는 의료기관에서 일하고 이끄는 이들에게 의료를 제공하는 환경을 대혁신하는 세계로 초대합니다. 저자는 우리 의료 시스템에서 그토록 절실히 필요한 진정한 안전과 연민, 그리고 효율적인 환경을 만드는 데 도움을 줄 도구를 제공합니다. 나는 이런 도구를 사용하는 환경에서 일할 날을 꿈꿔봅니다."

-존 켈리John Kelly
(임상사회복지사, 조지 메이슨 고등학교 GMHS,
미국의 전자건강기록 회사 MT-BC)

"한때 정신병원에 있었죠. 이 책에 나온 것처럼 멜의 공감을 받았어요. 그 덕분에 나는 내 상처와 병원에서 받은 외상trauma을 치유할 수 있었죠. 그토록 강했던 나의 느낌을 지켜봄으로써 차츰 나 자신에 대한 신뢰를 찾아가도록 도움을 받았어요."

-존 레인Joanne Lane

(엄마이자 토목기사, 그리고 정신병에서 회복한 사람)

"현재 우리의 의료 시스템을 환자의 건강과 병원 안에 있는 사람의 건강을 돌보는 시스템으로 변화하고자 하는 마음에서 나온 책입니다. 멜라니가 분명히 그리고 깊은 통찰을 통해 보여준 것처럼 환자와 그들을 돌보는 사람의 건강은 분리할 수 없습니다. 이 책은 두려움 없는 솔직함, 비난 없는 책임, 착취 없는 힘을 알려줍니다."

-가버 마테Gabor Maté(의학박사),

《몸이 아니라고 말할 때When The Body Says No》의 저자

차례

머리말

이 책을 쓴 이유는 내가 지금까지 일해온 모든 의료기관에서 환자와 직원 모두 고통받는 것을 보아왔기 때문입니다. 나 자신을 치유하는 과정에서 NVC(비폭력대화)를 만났을 때 이러한 고통을 끝나게 할 수 있는 강력한 가능성을 가진 하나의 도구를 찾았다는 걸 알았습니다. 의료 전문가의 한 사람으로서, 우리를 치유해줄 거라고 기대하는 의료기관 자체가 치유될 수 있는 가능성에 나는 감동을 받고 있습니다.

지금의 의료 시스템에서는 환자가 가장 취약한 상태에 있을 때 따뜻한 마음이 담긴 돌봄의 치료가 아니라, 대개 기계적인 치료를 받는 것을 고통스러워합니다. 환자의 육체적 질병에만 모든 관심이 집중되어 있고, 환자의 감정적인 필요에는 전혀 눈을 돌리지 않는다는 것입니다. 그러나 더 심각한 근본적인 문제는 몸과 마음이 완전하게 분리된 두 개의 시스템이라는 잘못된 전제를 바탕으로 병원이 조직되어 있다는 점입니다. 우리가 몸과 마음 중 한 분야에 대한 지식이 전혀 없는 채로, 어느 한 가지 분야만 치료한다면 해로운 결과를 가져올 수 있고, 때로는 그 결과가 비극적이기까지 할 것입니다.

의료기관의 직원 역시 고통받고 있습니다. 그들은 하루 종일 인공조명 아래서 계속되는 소음에 노출되어 있으며, 근무시간은 길고, 직원의 숫자는 적습니다. 게다가 사람의 목숨이 오가는 응급상황이 자주 일어납니다. 이러한 기본 환경은 스트레스가 심하면 마주하는 직원과 직원 사이의 상호관계를 종종 적대적이고 방어적으로 만듭니다. 질 높은 간호를 제공하고 생명을 살리기 위해 협력이 꼭 필요한 곳인데도 직원 사이의 갈등이나 의사소통의 단절이 오히려 자주 일어나고 있습니다.

그러나 무엇보다 직원을 힘들게 하는 것은, 힘의 상하관계를 강조하고 함께하는 모든 이의 감정적인 면을 중요하게 여기지 않는 조직 안에서 일하는 동안에, 다른 사람을 돌보고 치유하려는 숭고한 목표와 가슴속 연민이 오염되고 점차 사라져가는 것입니다.

나는 나 자신의 치유에 도움이 된 NVC를 사람들에게 알려서 좀 더 평화로운 세상과, 좀 더 연민이 흐르는 의료 시스템을 맏드는 데 기여하고 싶습니다. 폭력보다는 사람 사이의 연결을 굳건하게 해서 좀 더 인간적인 시스템을 만들 수 있다고 믿습니다.

나는 이 책이 환자의 만족도를 높일 뿐만 아니라 직원의 탈진은 줄이고 친밀도는 더 높아지기를 바라는 병원 관계자에게 유용할 것이라고 믿습니다. 또한 자신의 경험을 이해받고 싶어 하는 훌륭한 의료인에게도 이 책이 도움이 되었으면 합니다. 또한 의료기관에서 치료를 받는 동안 도대체 왜, 그리고 어떻게 자신의 욕구가 충족되지 않았는지 명확히 꼬집어 말할 수 없었던 환자에게도 답답한 마음을 해소하는 데 도움이 되기 바랍니다.

나는 이 책에서 NVC가 의료산업에서 얼마나 중요할 수 있는지 설명하기 위해 정신과 폐쇄병동의 간호사로 일하면서 마주했던 구체적이고 도전적인 상황과 그에 따른 해법을 나누었습니다. 정신과 병동처럼 격렬한 감정으로 차 있는 환경에서 NVC가 조화와 평화를 만들어낼 수 있다면, 병원의 다른 모든 영역에서 대단히 큰 힘을 발휘할 수 있을 것으로 믿습니다.

육체적인 병이든 정신적인 병이든 연민을 가지고 치료했을 때 치료가 더 잘 됩니다. 병원 직원이 자연스럽게 그들의 연민을 표현하도록 진실을 말하도록 그리고 느낌과 욕구를 분명히 표현할 수 있도록 지원을 받는다면, 치료의 질은 수직 상승할 것이고, 실제로 그렇게 되고 있습니다. 지금 의료기관에 만연해 있는 고통을 끝낼 수 있는 힘이 우리에게 있습니다. 더 이상 기다리지 맙시다.

감사의 글

NVC 프로세스를 개발한 마셜 로젠버그 박사님께 감사드립니다. 저는 NVC라는 도구로 사회가 나를 규정지은 대로가 아니라 나 자신의 내면 가치와 더욱 조화를 이루며 살 수 있게 되었습니다. 자라면서 물려받은 폭력을 자각하게 되었고, 나 자신, 그리고 다른 사람과 보다 연민으로 인간관계를 맺는 방법을 배웠습니다. 그리고 간호사로서 내 일을 더 풍성하게 할 수 있게 되었고, 왜 그렇게 많은 사람이 의료계에서 일하는 것이 감정적으로 자주 고통스러운지 이해할 수 있게 되었습니다.

나는 자신의 마음을 열고 공감과 솔직함으로 저를 대해준 이들과 함께 내 자신의 문제를 해결해가면서 NVC의 진정한 힘을 발견했습니다. 그 치유의 경험에 감사하며, 내게 이런 선물을 주신 모든 분들에게 감사드립니다.

이 책을 편집해준 모든 분들에게 감사드립니다: 맷 해리스Matt

Harris, 마이클 스미스Michael Smith, 조앤 레인Joanne Lane, 조셀린 브라운Jocelyn Brown, 엘리자벳 버튼Elizabeth Burton, 젠 윗소우Jen Witsoe. 그리고 두 번째 판을 재정리하고 편집해준 사라 샐티Sara Saltee에게 감사드립니다. 그녀의 글과 편집으로 이 책이 훨씬 더 읽기 편해졌습니다.

1장 의료계의 위기

의료계 종사자의 삶이 정신적인 면에서 그리 좋지만은 않다는 것이 여러 지표에서 드러나고 있다. 조사에 의하면 남성 의사의 자살률은 일반 남성에 비해 1.4배이며, 여성 의사들의 경우에는 일반 여성들에 비해 두 배 이상 높다.[1] 보건 의료인들이 한 해에 보이는 우울증 증세는 9.6%인데 이것은 일반 직장인의 평균보다 2.6% 높은 수치이다.[2] 의사와 의료계 종사자는 왜 이렇게도 행복하지 않은 것일까?

1996년 의학 저널 《란셋Lancet Study》에서는 의사와 의료계 종사자가 흔히 정서적 소진과 이인증(사람을 비인간적이고 느낌이 없는 태도로 대하는 것)에 시달리고 있다고 보고했다. 또한 업무량은 과도하게 많은 반면 개개인이 이룬 성과에 대해서는 낮은 평가를 받는 것과 싸우고 있으며, 부실한 행정적 지원 역시 그들을 힘들게 하고 있다고 지적했다. 고통을 호소하는 환자뿐만 아니라 간병에 지친 나머지 화를 내며 의료진을 비난하는 환자 가족을 매일 같이 상대한다는 것은 지극히 피곤하고 힘든 일이다.

또한 이 저널에 의하면, 의사가 전문의로서 느끼는 만족감은 첫째가 환자와 환자의 가족, 직원과 관계가 좋을 때, 그리고 전문가로서 사회적 지위와 존중을 받을 때라고 보고했다. 또한 경영진에게서 이해를 받을 때와 높은 자율성을 갖고 다양한 일을 수행할 수 있을 때 즐겁다고 밝혔다.

한편 연구에 참여한 의사 모두가 병을 치료하거나 증상을 관리하는 방법에 대해서는 충분히 교육받았다고 느끼는 반면, 의사소통 기술에 대해 적절한 훈련을 받았다고 생각하는 사람이 45%뿐이라는 점은 의미심장한 부분이다.

《란셋》에 나온 연구는 그 결론에서 이렇게 단언하고 있다.

> "직업 만족도를 높이거나 유지하는 것으로 (의사의) 정신 건강을 보호할 수 있을 것이다. ……그것은 일에서는 자율성과 다양성을 보장하고 의사소통과 관리 기술에 대한 적절한 훈련을 제공함으로써……"[3]

이를 보면, 의료인이 건강하게 살아가는 데 필요한 것은 의료의 기술적인 면이라기보다는, 개인적이면서 인간적인 차원인 것 같다. 의료인 중 절반이 안 되는 사람만이 다른 사람들과 효과적으로 대화하고 소통할 준비가 되어 있다고 생각한다. 즉 절반도 안 되는 의료인만이 주변의 사람과 의미 있고 효과적인 방법으로 인간관계를 맺고 있다고 느낀다는 뜻이다.

또한 의사는 시간이 너무 많이 걸릴까봐 두려워서 환자의 이야기에 공감하며 귀 기울여 들어주기를 꺼려한다. 이처럼 사람 사이에 의미 있는 연결이 없을 때 각종 정신병과 우울증이 생겨나고, 이는 무서운 자살률 통계가 만들어지는 기초가 된다.

의료기관도 이런 부족한 부분으로 인한 손실을 느끼고 있다. 병원은 의료인의 낮은 직업 만족도와 잦은 이직 때문에 엄청나게 많은 비용이 든다. 사람이 이직할 때마다 병원은 평균 6만 달러의 손실이 발생한다. 그래서 많은 병원이 이직률을 낮추고 채용 비용을 줄일 수 있는 방법을 찾고 있는 것은 놀라운 일이 아니다.

희망적인 사례들

아래의 사례는 의료기관이 종사자의 만족도를 높여서 이직률을 줄이고, 채용 비용도 수백만 달러나 성공적으로 절약할 수 있다는 것을 보여준다. 특히 의사소통 기술을 키우는 것이 그 성공에 가장 중요한 요인이라는 점도 보여준다. 몇몇 의료기관에서는 NVC(Nonviolent Communication, 비폭력대화)라는 의사소통 모델을 채택하여 놀라운 결과를 이끌어냈다.

■ 볼티모어의 멀시Mercy 병원에서는 많은 환자를 대하는 외래 병동의 여러 분야에 NVC를 도입했다. 놀라운 결과를 본 후에 병원은 모든 경영진과 직원을 교육하는 전담 NVC 강사를 고용했다. 그 후로 환자 만족도는 눈에 띄게 좋아졌고, 직원 이직률이 줄었고, 직원의 업무 수행 능력이 높이 올랐다.

■ 칼라Carla Corwith(간호사, MBA)와 도나Donna Riemer(간호사, 외상외과 전문가)는 NVC를 포함한 프로그램을 개발해 이를 멘도타Mendota 정신병원의 중간급 치료감호 병동에 도입했다. 이로 인하여 2003년에는 33회였던 격리·감금 사고가 2006년에는 6회로 줄어들었다. 2003년에는 92.57시간이었던 격리·감금 시간도 2006년에는 6.4시간으로 줄어들었다. 또한 이전에는 직원이 다쳐서 일을 할 수 없는 기간이 몇 달씩 있었는데 프로그램을 도입한 이후로는 한 번도 그런 일이 없었다.

일대일 감호를 위해 매년 수만 달러를 쓰던 것도 사라졌다.

멘도타 정신병원에서 NVC의 영향		
	2003(NVC 도입 전)	2006(NVC 도입 후)
격리와 감금 회수	33	6
격리와 감금 시간	92.57	6.4
직원 부상으로 인한 직무 시간 상실	몇 달	0
1:1 감호 비용	$10,000 초과	$0

■ 도나는 NVC를 포함한 프로그램을 계속해서 개발했고, 2008
년에는 이를 멘도타Mendota 정신병원에서 가장 심한 치료감
호 병동에 도입했다. 이곳은 위스콘신 주에서 가장 폭력적인
환자들을 수용하는 곳이다. 결과는 놀라웠다. 직원과 환자가
치료를 위해 협력하게 되었다. 환자는 직원과 공감하는 방법
을 배웠고, 직원도 환자와 공감하는 방법을 배웠다. 환자와 직
원 모두가 매주 NVC 수업에 참석했고, 이들은 매일 NVC라는
도구를 대화에 사용했다. 그 결과 병원 안의 폭력이 놀랍게 줄
어들었고, 폭력적인 분위기는 치유를 돕는 문화로 변해갔다.
폭력적이고 파괴적인 행동을 하는 환자를 제압하기 위해 응
급제압팀을 부르는 일이 55% 줄어들었다. 이제 병동은 환자
와 직원 모두에게 안전한 곳이 되었다.

2장 비폭력대화Nonviolent Communication이해하기

비폭력대화NVC란 무엇인가?

비폭력대화는 하나의 철학이자 리더십 기술이며, 의사소통 체계이다. NVC는 개개인이 자신의 느낌feeling과 욕구need를 잘 알아차릴 수 있게 하여 다른 사람을 보다 더 공감할 수 있도록 도와준다.

우리는 비폭력대화로 정서적인 상처를 치유할 수 있고, 자신의 감성 지능을 기를 수도 있으며, 갈등을 해결하거나 서로에게 모두 도움이 되는 해결책을 생각해낼 수도 있다. 우리는 직장에서, 또는 부모로서, 배우자로서, 친구로서 모든 인간관계에 NVC를 사용할 수 있다. 우리는 NVC로 대화를 할 때 안전하다는 것을 깊이 느끼게 되어서 다른 이의 이야기도 잘 들을 수 있게 된다. 그리하여 대화가 열리고, 서로를 이해할 수 있게 된다. NVC의 원칙을 적용하면서 연습하다 보면 자신의 깊은 가치관을 일관되게 유지할 수 있고, 그 가치관에 맞게 자신의 삶을 스스로 통제할 수 있게 된다.

CNVCCenter for Nonviolent Communication의 설립자이자 교육 책임자인 마셜 로젠버그 박사는 1960년대 초에 NVC 모델을 개발했다. 학교와 여러 단체의 인종 차별 문제를 평화롭게 해결하기 위해 방법을 찾는 과정에서, 그는 의사소통을 잘하는 사람의 대화를 연구했다. 그 결과 4단계 의사소통 모델을 개발했다. 여기서 그는 솔직하게 말하기와 공감으로 듣기, 그리고 현실을 인식하는 데 있어 말이 끼치는 힘에 대한 자각을 강조하였다.

지금도 로젠버그 박사는 전 세계를 여행하며 이 대화법을 가르치고 있고, 전쟁으로 파괴된 나라에서 분쟁을 해결하고 있으며, 사람들이 의사소통 방법을 바꾸어 평화롭고 즐겁게 살 수 있도록 도와주고 있다.[1]

"무엇이 우리를 본성인 연민과 계속 연결해주는가?"라는 질문을 연구하면서, 로젠버그 박사는 우리의 의사소통 양식이 우리가 경험하는 세계를 말 그대로 창조한다는 것을 알게 되었다. 우리가 머릿속으로 자신에게 하는 말과, 소리 내어 주위 사람에게 하는 말이 세상에 대한 지각에 강력한 영향을 미치고 인간관계 자체를 만들어간다. 직장에서는 여러 사람이 대화하는 습관이 모여서 우리가 공유하는 문화를 만든다.

우리가 의식하지 못할 때라도, 우리가 파괴적인 양식으로 대화를 할 때는, 고의가 아니더라도, 서로의 진정한 욕구를 알지도 다루지도 않는 비인간적인 문화를 만드는 공범자가 된다. 그러나 자신의 대화 양식을 알아차리기 시작해 어떻게 생각하고 반응할지 선택할 수 있게 되면, 우리가 사는 세상이 말 그대로 변화하게 된다.

우리가 쓰는 말이 우리의 솔직한 느낌과 욕구의 표현이 되고, 다른 사람에게 하는 말이 명확한 부탁이 될 때, 우리는 우리 자신과, 그리고 다른 사람과 의미 있는 연결을 하게 되고, 효과적이면서도 지속적인 변화를 창조해갈 수 있다. 그리고 의료기관은 NVC를 도입하여 직원과 환자 모두가 욕구를 보다 잘 충족할 수 있는, 삶에 기여하는 의료 환경을 만들 수 있다.

비폭력대화는 어떻게 하는가?

NVC는 우리의 대화를 4단계로 나눈다. 관찰, 느낌, 욕구, 그리고 부탁이 이러한 4단계이다. 우리는 습관적으로 이러한 단계를 섞어서 말하는데, 특히 그중에서도 느낌과 욕구는 종종 생략해버린다.

일반 사회에서, 특히 직장에서 우리는 우리 내면의 느낌과 욕구에 대해 이야기하지 않는다. 대신 우리 관심의 초점은 판단, 분석, 비난, 꼬리표 붙이기, 비판하기, 칭찬하기 등 온통 밖을 향해 있다. 이런 대화방식은 우리 관심의 초점을 내면보다는 밖으로 향하게 한다.

그러나 NVC를 사용해 자신을 표현하는 것을 배우게 되면, 우리의 관심은 내면으로 옮겨갈 뿐 아니라 솔직한 표현을 스스로에게 허용하게 되고, 치유와 성장이 가능해진다.

첫 번째 단계 : 관찰

명확한 의사소통을 하는 첫 번째 단계는 평가를 섞지 않고 명확하게 관찰만을 말하는 것이다. 관찰이란 비디오카메라로 찍은 영상과 같이 관찰할 수 있는 사실만이 담겨 있다. 관찰에 느낌이 섞여 들어가면 평가나 판단이 생기게 된다.

예를 들어 "쓰레기도 안 갖다 버리고, 넌 정말 게을러 빠졌어"라는 말은 분명히 관찰과 평가가 섞인 말이다. 반면 "오늘 쓰레기를 안 가져다 버렸네"는 관찰이다.

두 번째 단계 : 느낌

두 번째 단계는 다른 사람을 비난하거나 분석하지 않으면서 '느낌'을 명확하게 표현하는 것이다. 많은 사람이 이 단계를 힘들어 하는데, 왜냐하면 '느낌말'을 잘 모르기 때문이다. 분석이나 다른 형태의 평가와 느낌이 섞인 말이 '느낌말'보다 훨씬 더 자주 쓰인다.

우리가 흔히 쓰는 말 중에서 느낌과 평가가 섞여 있는 말은 다음과 같다.

이용당한, 학대받은, 배신당한, 공격당한, 조종당하는, 무시당한, 거절당한, 위협받은

이러한 말은 나의 느낌을 표현하기보다는 다른 사람이 무엇을 잘못했는가를 분석하는 것에 가깝다. 이런 단어를 사용해서 우리의 느낌을 표현하면, 상대방이 방어하는 반응을 나타내기 쉽다.

그 대신 속상한, 무서운, 슬픈, 흥분된, 행복한, 짜증나는, 혼란스러운, 그리고 놀란 등과 같은 느낌말로 표현하면 방어하는 반응보다는 상대방과 감정적인 연결을 만들어낼 것이다.

세 번째 단계 : 욕구

NVC의 세 번째 단계는 '욕구'이다. 누군가 말을 하고 있다면, 그는 자신의 욕구를 충족하고 있는 것이다. 누군가 다른 사람의 코를 주먹으로 친다면, 그는 자신의 욕구를 표현하고 있는 것이다. 상대가 자신의 어떤 욕구를 표현하고 있는지를 찾아서 그것을 이해하게 되

면, 우리는 그 사람과 연결할 수 있게 된다. 이러한 연결은 그 사람 자신이 미처 인식하지 못하고 있던 마음속 진실을 보게 되고, 그 사람이 자신의 내면을 자각하는 방향으로 가게 해준다.

우리가 말을 할 때, 자신이 표현하려고 하는 욕구가 무엇인지 인식하지 못한 채 말할 때가 많다. 그렇게 하는 이유 중 하나는, 내면에 집중하기보다는 바깥 세계에 집중하는 사회에서 자라면서 자신의 내면에 있는 욕구로부터 점차 단절되어버렸기 때문이다.

우리 대부분은 어린 시절부터 자신이 원하는 것을 표현하면 벌을 받기도 했다. 원하는 것을 부탁하면 이기적이라거나 배려할 줄 모른다는 소리를 듣기도 했다. 그러나 다른 이들의 욕구를 이해하기 위해서는 우선 자신의 욕구를 먼저 알아차리는 것이 중요하다.

우리는 다른 이와 이야기를 하면서도 상대가 온몸으로 표현하고 있는 욕구에 대해 이해하려는 노력은 잘 하지 않는다. 특히 내가 좋아하지 않는 방식으로 말하거나 행동하면, 상대를 비판하는 데 더욱 힘을 쏟게 된다. 비판 대신 상대방의 욕구를 알아차리려고 집중한다면, 상대의 진정한 모습을 마주하게 될 것이다. 그리고 상대방이 나와 그다지 다르지 않은 존재라는 사실을 알아차릴 수 있게 된다.

자신이나 다른 사람의 욕구와 멀어져 단절되면 조화가 깨지고 갈등을 해결하기 힘들어진다. 그러나 자신의 욕구를 표현하고 상대의 욕구를 들을 때, 자신의 보편적 인간성을 발견하게 되고, 사람 사이에 있던 벽은 사라지게 된다.

갈등은 양쪽이 서로 상대방의 욕구를 들을 수 있을 때 해결이 된다. 욕구가 무엇인지 명확하게 이해하기 전에 문제나 갈등을 해결하려고 하면 부정적인 감정과 부조화를 만들어내게 된다.

모든 사람이 많은 욕구를 공통으로 가지고 있다. 칠레의 경제학자이자 환경운동가인 맨프레드 맥스너프Manfred Max-Neef는 이러한 욕구를 9개의 범주로 분류하였다. 생존 · 음식Sustenance, 보호Protection, 사랑Affection, 이해Understanding, 참여Participation, 여가Leasure, 창조Creation, 정체성Identity 그리고 자유Freedom이다.[2]

네 번째 단계 : 부탁

네 번째 단계는 '부탁'이다. 말을 할 때 상대방에게 원하는 것이 무엇인지를 인식하면서 말을 하면 대화가 더 안전하고 자신이 하는 말에 대해 스스로 더 책임을 지게 된다. 부탁을 제대로 하는 것은 대화를 더 효율적으로 만들어준다.

부탁은 욕구를 충족하기 위한 수단이라고 볼 수도 있다. 어떤 사람은 한 말을 계속 반복하면서 말을 많이 하는 경우가 있다. 자신이 지금 어떤 욕구를 충족하고 싶어서 말을 하고 있는지, 그리고 자신의 말을 듣고 있는 상대방에게 무엇을 바라고 있는지를 명확하게 인식하지 못하고 있는 것이다. 만약 말하는 사람이 공감이 필요하다는 것을 인식했다면 상대방에게 공감을 해달라고 직접 부탁할 수 있다.
모두가 보다 만족하는 연결을 경험할 수 있을 것이다.

부탁은 두 가지 종류가 있다. 하나는 연결부탁Connecting Request이
고, 다른 하나는 해결부탁Solution Request이다. 연결부탁은 나와 상대
사이에 연결을 만들어준다. 연결부탁의 예는 다음과 같다.

"제가 방금 말한 것에 대해 어떻게 느끼세요?"

해결부탁은 문제를 해결하는 방법을 제시한다.

예를 들면 "쓰레기를 좀 내다 버려줄래?"와 같다. 부탁은 구체적인
행동을 바탕으로 현재 "할 수 있는" 것으로 한다.

정리

이러한 4단계로 구분해서 대화하다 보면, 어떻게 우리의 욕구를
더 잘 충족할 수 있을지 좀 더 명확해진다.

- 평가에서 관찰을 분리하기
- 우리의 느낌을 찾고 표현하기
- 이러한 느낌을 불러일으키는 욕구를 찾아서 표현하기
- 긍정적인 행동언어를 사용하여 명확하게 부탁하기

이것을 계속해서 연습하다 보면, 완전히 새로운 방법으로 우리 자

신의 경험에 대해 책임을 지고 자신의 삶을 통제할 수 있게 된다.

4단계를 넘어서

관찰, 느낌, 욕구, 부탁으로 이루어진 4단계는 NVC를 익히고 실천하는 발판이 된다. 그런데 NVC를 온전하게 이해하기 위해서는 NVC 모델의 배경이 되는 4가지 원칙을 살펴보는 것이 중요하다.

1. 우리 각자는 다른 사람과 사건에 대해 자신이 선택한 반응에 책임이 있다.
2. 우리는 자기 자신의 느낌에 책임이 있다.
3. 우리의 욕구는 상대에게 부담이 아니라 선물이다.
4. 효과적인 대화의 핵심은 공감을 경험하는 것이다.

원칙 1. 우리 각자는 다른 사람과 사건에 대해 자신이 선택한 반응에 책임이 있다

여러분은 "내가 경험하는 세상은 나 자신이 만들어낸 것이다"라는 말을 들어본 적이 있을 것이다. 그러나 우리가 일상에서 어떻게 할 수 없어 보이는 사람이나 상황으로 영향을 받을 때는 이 말을 쉽게 수긍하기 힘들 수 있다.

우리는 우리가 마주하는 상황과 사람을 통제할 수 없을지도 모른다. 그러나 우리가 그 상황과 사람에게 어떻게 반응할 것인가, 하는 방법은 선택할 수 있다. 넬슨 만델라가 감옥에 있을 때, 그는 그곳의 가혹한 처우에 어떻게 대응할 것인지 선택했다. 화를 내면서 자신을 증오로 가득 채우는 대신, 그는 자비롭게 행동했고, 자신의 존엄성을 유지했다. 그렇게 함으로써 교도관과 동료 수인의 존경을 받게 되었다.

누구든지 자기가 만나는 상황에서 반응하는 방법을 선택할 수 있고, 이때 선택하는 말은 자기가 선택한 내면의 의도와 연결을 유지하도록 도와줄 수 있다. 말에는 수많은 철학과 여러 가치가 담겨 있다. 우리가 쓰는 언어의 방식을 선택함으로써 상황에 반응하는 방식을 바꿀 수 있다.

뿐만 아니라 우리의 욕구를 충족하기 위해 선택하는 방법도 바꿀 수가 있다. 우리가 선택하는 말은 상대에게 기운을 북돋워주고, 그들의 협조를 얻을 수도 있지만 상대의 저항과 적대감을 불러일으킬 수도 있다. 우리가 선택하는 말이 우리가 얻는 결과를 결정할 것이다.

원칙 2 : 우리는 자기 자신의 느낌에 책임이 있다

세상에는 느낌과 관련된 몇 가지 신화가 있는데, 대화를 원활하게 하기 위해서는 우선 그런 믿음을 깨끗이 정리하는 것이 필요하다. 그중 하나가 '내 느낌의 원인은 다른 사람 때문이다'라는 신념이다.

그런데 이 신념을 논리적으로 자세히 살펴보면, 다른 사람이 우리 느낌의 원인이 아니라는 것을 쉽게 알 수 있다. 다른 사람이 느낌을 자극했을 수는 있지만, 느낌의 원인은 나의 욕구이다. 만약 내 욕구를 충족하면 긍정적인 느낌을 갖게 된다. 내 욕구를 충족하지 못하면 부정적인 느낌을 갖게 된다.

어떤 사람이 "아니오(No)"라고 말하는 상황을 생각해보자. 회사에서 내가 낸 아이디어에 대해 직장 상사가 "아니오"라고 한다면 나는 인정받고 싶은 마음이 있기 때문에 상처를 받을 수 있을 것이다. 하지만 친구가 "아니"라고 할 때는, 친구가 자기 속마음을 편하게 표현할 수 있을 만큼 나와 관계가 안전하다고 느낀다는 것이 반가워서 기분이 좋을 수도 있다.

여기에서 핵심 개념은 '우리의 느낌을 일으키는 원인은 다른 사람이 아니라 우리 내면의 욕구'라는 것이다. 바꾸어 보면 이것 또한 사실이 될 것이다. 즉 '우리는 다른 사람 느낌의 원인이 아니다'. 그의 느낌은 그 자신의 내면 경험을 표현하는 것일 뿐이다.

우리는 종종 긍정적인 느낌을 갖는 것은 괜찮지만, 부정적인 느낌을 가지면 비난을 받으리라고 배운다. 상대의 감정 표현을 다른 방법으로 대응할 줄 모를 때 사람들은 그것을 비판으로 대한다. 또한 다른 이의 느낌을 듣다 보면, 자신의 내면에서 해결하지 못한 문제가 자극을 받기도 한다. 그래서 자신의 느낌을 표현하거나 다른 이의 느낌을 듣는 것이 두려워진다.

NVC 모델에서 느낌은 좋은 것도 나쁜 것도 아니다. 느낌은 단순히 내적 경험에 대한 표현일 뿐이다. 내가 다른 사람의 느낌의 원인이 될 수가 없다는 것을 깨달으면, 자신의 느낌과 욕구에 좀 더 솔직해지기 시작할 수 있다. 내가 그 순간에 내 진실을 표현했는데, 누군가 내가 한 말에 대해 방어적인 반응을 보인다면 그 반응은 그 사람에 관한 것이지 나에 관한 것이 아니다. 이처럼 NVC에서는 다른 사람의 말을 더 이상 나의 문제로 받아들이지 않게 된다.

원칙 3 : 우리의 욕구는 상대에게 짐이 아니라 선물이다.

우리들 대부분은 욕구와 관련하여 근거가 빈약한 두 개의 믿음 아래서 자라났다. 그중 하나는 우리가 무엇을 원하면 그것이 다른 사람에게 부담이 된다는 생각이다. 다른 하나는 누군가 우리를 진심으로 아낀다면 우리가 무엇을 원하는지 직감으로 알 수 있고, 부탁하지 않아도 해줄 것이라는 믿음이다. 이러한 믿음과 생각이 합쳐져 솔직하지 못하고 왜곡되고 뒤틀린 대화 방식을 만들어낸다.

우리의 욕구가 다른 이에게 부담이 된다고 생각하면 원하는 것을 부탁하기가 두렵고 할 마음이 나지 않는다. 그리고 내가 진정으로 원하는 것을 '아껴두는 것'이 그 사람에 대한 연민을 나타내는 것이라고 믿는다.

또한 말하기 전에 상대방이 우리 욕구를 알아서 해주어야 한다고 생각하면, 원하는 것을 부탁할 때 실망스러워진다. 상대방이 우리를 중요하게 여기지 않는다고 왜곡하게 되기 때문이다('나를 정말로 중요하게 생각하고 아낀다면 내가 부탁할 필요도 없어야 하는 거 아니야').

명확하게 부탁하기 위해서는 우선 우리 마음속의 근원적인 믿음의 체계를 바꾸어야 한다. '나의 욕구는 부담'이라는 믿음 대신 '나의 욕구는 선물'이라고 생각하면, 내가 원하는 것을 부탁해도 괜찮으리라는 확신이 든다. 또한 내가 한 부탁에 대해 "아니오"를 듣는다고 해도 그 사람을 비난하는 대신, 공감할 수 있다.

내가 묻지 않아도 상대방이 원하는 것을 알아서 '해주어야' 한다는 믿음도 바꿀 필요가 있다. 아끼고 보살펴주는 것이란 상대방의 마음을 읽는 것이 아니라 자신의 느낌과 욕구를 솔직하게 표현하면서 대화를 하고, 상대방의 느낌과 욕구를 수용하며 듣는 것이다. 이를 이해하면 부탁을 했을 때 그에 대한 거절을 훨씬 쉽게 연민으로 받아들일 수 있을 것이다.

원칙4 : 효과적인 대화의 핵심은 공감을 경험하는 것이다

누군가와 공감한다는 것은 말하고 있는 사람이 전하려고 하는 (언어적이든, 비언어적이든) 느낌과 욕구가 무엇인지 명확하게 이해하고, 연민으로 받아들이는 것이다. 그렇게 하기 위해서는 듣는 사람이 모든 판단과 선입견을 내려놓아야 하고 단순히 귀로만이 아니라 우리의 온 존재로 들어야 한다.

다른 말로 하면, 공감은 그 순간 함께 온전히 있으면서 펼쳐지는 과정에 열려 있는 것이다. 우리가 온전히 함께 있으면서 들으면 상대방은 자유로움을 느끼고, 자신의 보다 깊은 내면과 만나게 된다. '그 순간 온전히 함께 있다(현존)'는 것이 막연하고 이해하기 힘든 개념처럼 들릴 수도 있지만, 상대는 우리가 온전히 함께 있는지 아닌지를 즉시 알아차린다. 그리고 그러한 현존은 상대가 자신을 경험할 수 있는 환경을 만들어내는 힘이 있다.

공감을 통해 무조건적 수용을 받으면, 자기 자신을 있는 그대로 수용할 수 있게 된다. 한 환자가 내게 보낸 편지에서 이렇게 표현하고 있다.

친절하고 긍정적으로 대해주셔서 감사합니다. 선생님의 눈으로 저를 바라보면서, 저는 제 자신을 덜 비난하게 되었고, 저를 조금 더 사랑할 수 있게 되었어요.

내가 연민으로 이 환자와 함께 있으면서 만든 그 공간 안에서 이 사람은 자신에 대한 경험을 바꿀 수 있었다.

공감과 '적극적 경청active listening'은 어떤 차이가 있을까? 적극적 경청은 상대방이 말하는 내용을 머리로 이해하는 것에 주의를 집중하는 듣기 방식이다. 진정한 공감에는 꼭 듣기와 말하기를 포함할 필요가 없다.

예를 들어 치료자는 환자가 하는 말을 기존의 이론이나 분석틀에 맞추어 이해하기 위해 주의 깊게 듣는 것을 종종 공감이라고 생각한다. 환자의 말 속에 숨어 있는 느낌이나 욕구가 무엇인지를 듣기보다는 어떤 상자나 틀에 이 환자가 꼭 맞을지 실마리나 단서를 찾을 뿐이다. 이들이 중점을 두는 것은 환자와 온전히 함께 있어 주는 것이 아니라 환자를 조사하는 것이다.

'공감empathy'이라는 말은 종종 '동감sympathy'과 혼동하기도 한다. 동감은 불쌍하게 여기는 것에 가깝다. 동감은 한 사람이 다른 사람을 불쌍하다고 여길 경우에 생긴다. 반면 공감은 두 사람이 동등한 위치에서 한 사람이 다른 한 사람에게 마음을 열 때 생겨난다.

이 책에서 '공감'이라는 말은 사람 사이의 연결에 대한 특정한 인식과 기술을 이르는 표현이다. 이런 의미로 쓰인 '공감'은 높은 경지에 이른 영적인 리더들이 실천한 현존으로 그냥 있는 상태에 가깝다.

그러나 공감의 기술을 사용하기 위해 우리가 영적으로 발달한 리더가 되어야 하는 것은 아니다. 사람이 내면에서 어떻게 느끼고 무엇을 원하는지 추측하는 것은 우리 자신과 다른 사람의 내면에 있는 인간성에 연결한다는 것이다. 우리의 초점을 상대방의 느낌과 욕구에 집중할 때, 자신의 내면을 살펴보기 시작할 수 있는 여유의 공간이 마음 안에 생긴다. 이때 우리가 상대방의 느낌과 욕구를 정확하게 추측하는지 아닌지 여부는 중요하지 않다. 우리가 하는 추측이 정확하든 그렇지 않든 상대에게는 자신의 내적 경험에 좀 더 가까이 다가갈 수 있는 도움이 될 것이다. 공감으로 존재한다는 것, 이는 매순간 나타나는 느낌과 욕구에 집중하는 것이다.

이런 식으로 공감을 한다는 것은 나 자신을 내려놓는 것이다. 상대가 하는 말은 나에 관한 것이 아니다. 만일에 상대의 말에 대해서 개인적으로 듣거나 충고를 하거나 자기 이야기를 하기 시작하는 것은 진정한 소통을 막는다.

우리 대부분이 자신은 공감을 잘 하는 사람이라고 생각하지만 실제로는 우리가 공감을 표현하는 말 속에 판단하거나 분석하는 말이 종종 들어가 있다. 조언이나 위로, 가르치거나 조사하는 말, 동감이나 분석, 설명, 혹은 바로잡아주는 말을 할 때는 공감을 하는 것이 아니다.

공감을 할 때는 느낌과 욕구를 표현하는 말을 사용한다. 우리 모두는 느낌과 욕구를 공유하고 있기 때문에 느낌과 욕구를 나타내는 말에는 사람 사이를 연결해주는 힘이 있다. 상대가 비판을 하지 않으면서, 꼬리표를 달지도 않고, 분석을 하지 않으면서 우리의 느낌과 욕구를 들어줄 때 우리의 마음은 열리고, 마음속 이야기를 마음껏 표현할 수 있게 된다.

공감으로 하는 대화가 판단이나 동감 등의 대화와는 어떻게 다른지 다음의 예로 살펴보자.

여러분이 정신과 병동 직원인데 어떤 환자가 이런 질문을 했다고 가정해보자.

> "내가 무슨 잘못을 했기에 이런 지옥 같은 곳에 오게 된 거예요?!"

다음과 같이 여러 방식으로 대답할 수 있다.

- 질문하기: "무슨 잘못을 했다고 생각하시나요?"
- 분석하기: "'경계성 인격장애'처럼 행동하시네요."
- 적극적 경청: "무슨 잘못을 해서 이런 지옥 같은 곳에 오게 되었는지 물어보신 건가요?"
- 조언하기: "좀 진정하고 약을 드셔야겠어요."

- 바로잡기: "여기는 지옥이 아니에요. 여기는 정신과 병동입니다."
- 위로하기: "아무 잘못도 안 하셨어요. 곧 기분이 나아질 거예요."
- 교육하기: "지금이 당신 문제에 대해 좀 깊이 생각해볼 기회예요."
- 공감하기: "화가 나셨나요?" "왜 여기에 오게 되었는지 그 이유를 알고 싶으신 건가요?"

흥미로운 점은, 우리가 공감으로 대하면 상대방이 방어하는 태도로 나올 가능성이 아주 적다는 것이다. 알아두어야 할 중요한 점은 처음에는 상대방의 감정 표현이 더욱 격해질 수도 있다는 것이다.

그러나 우리가 공감을 계속하면 진정하는 효과가 있다. 자신의 공감 능력에 아직 확신이 없는 사람은 이렇게 감정이 폭발하는 것을 보고 놀라서 다시 힘으로 조절하는 방법으로 돌아간다. 그러나 마음의 안정을 유지하면서 계속 상대방의 느낌과 욕구에 집중하면 연결과 신뢰가 생겨나는 것을 볼 수 있을 것이다.

어떤 말이 느낌을 표현하는가? 보통 '느낌말'이라고 알고 있던 말이 실제로는 생각을 표현하는 말일 때가 있기 때문에 오로지 느낌만을 표현하는 말을 찾기가 생각보다 어렵다. 생각을 표현하는 말

속에는 상대방이 우리에게 무슨 일을 하고 있는지에 대한 분석이 들어 있다. 이런 단어를 쓰다 보면 자신이 피해자라는 생각에 갇히게 된다.

또한 공감을 하는 동안 상대방의 말을 듣고 반영해줄 때 '생각단어'로 다시 이야기해주면 상대방이 처음에 느꼈던 무력감을 강화시킬 수도 있다. 그런 생각단어는 다음과 같다.

> 욕먹은, 버림받은, 공격당한, 배신당한, 괴롭힘을 당한, 사기당한, 권위가 떨어진, 협박당한, 조종당한, 오해받은, 무시당한, 억압받은, 놀림을 받은, 자극받은, 업신여김을 당한, 거절당한, 위협받은, 불필요한, 이용당한

'생각단어'로 말하는 이를 공감할 때는 그 생각 뒤에 있는 느낌과 욕구를 찾아보아야 한다. 근본적으로 생각을 느낌과 욕구로 바꾸어 듣는 방법을 배우게 되는 것이다.

예를 들어 "난 이용당했어"라고 생각을 말하는 사람은 지금 마음이 매우 아프고 자신의 고통을 이해받고 싶어 하는 것일지도 모른다. 이때 적절한 공감의 표현을 한다면, "지금 마음이 많이 아프세요? 그리고 얼마나 속상한지 이해받고 싶으세요?"라고 말해볼 수 있을 것이다. 이때 "이용당한 느낌이세요?"라고 말하지는 않는다. 이미

무력하다는 인식을 강화시킬 수 있기 때문이다.

어떤 단어가 욕구를 표현하는 말들일까? 보통 욕구를 표현하는 말과 수단을 표현하는 말을 섞어서 쓰고 있다. 욕구는 시간과 문화의 차이를 넘어서 모든 인간이 공유하는, 살아가는 데 근원적인 에너지의 원천이다.

예를 들어 안전하기를 바라는 욕구는 누구에게나 다 있다. 그러나 이 욕구는 문화권에 따라서 다른 수단과 방법으로 충족한다. 어떤 문화권에서는 이 안전의 욕구를 충족하기 위해 은행에 돈을 쌓아놓는다. 반면 다른 어떤 문화권에서는 안전의 욕구를 충족하기 위해 가축을 모은다. 어떤 이는 안전의 욕구를 채우기 위해 대가족을 이루고, 또 다른 이는 의미 있다고 생각하는 일을 함으로써 이를 충족한다. 하나의 욕구를 충족하는 데는 여러 가지 많은 방법이 있을 수 있다.

우리가 서로의 욕구에 관심을 집중하면 대화가 열리지만, 방법에 초점을 모으면 대화가 수렁에 빠질 수 있다. 상대방이 선택한 방법을 받아들일 수 없는 경우에도, 그 방법으로 충족하려는 상대의 욕구와 연결하면 상대에 대한 연민이 가능해진다.

또한 우리의 욕구를 충족하기 위해 쓰는 방법을 우리의 욕구와 분리해서 살펴보면, 왜 이 방법으로 욕구를 잘 충족하지 못하는지 이해하게 되고, 그렇게 되면 자신의 핵심 욕구와 좀 더 조화를 이루는 방법에 대해 통찰할 수 있게 될 것이다.

병원의 의료진이 공감으로 대화하게 되면 환자를 도와줄 수 있을 뿐만 아니라 의료진 사이에서도 서로 지원을 할 수 있게 된다. 상호 작용 상황에서 직원이 위축되어 있거나 화가 나 있을 때, 다른 직원이 이들을 공감해줄 수 있다. 특히 개인 간의 갈등이 있을 때, 당사자들을 서로 인간적으로 연결하고 모두에게 도움이 되는 해결 방법을 찾기 위해서는 공감의 기술이 꼭 필요하다.

한 사람이 화가 났을 때 누군가가 그를 공감해주면 화는 사라지고 문제는 풀리게 된다. 공감은 공동체를 만들고 성공적으로 유지하는 데 꼭 필요하다.

하지만 결정적으로 중요한 것은, 다른 이를 공감하기에 앞서 우리 자신의 느낌과 욕구를 명확하게 알고 우리 자신과 연결하여야 한다는 것이다. 우리 자신의 내면이 치유된 만큼만 다른 이와 함께할 수 있다. 우리가 어떤 이와 공감할 수 없다는 것은 우리의 어떤 생각이나 판단이 공감을 방해하고 있다는 신호이다. 이때 안으로 들어가 우리의 느낌과 욕구에 집중하면 무엇이 공감을 가로막는지 알 수 있다.

NVC의 여러 도구를 사용하여, 우리는 보다 명료해지고, 우리 자신 그리고 다른 사람과 보다 잘 연결할 수 있다. 우리는 자신을 공감할 수 있는 만큼 다른 사람을 공감할 수 있게 된다.

의식 바꾸기

■ 우리 각자는 다른 사람과 사건에 대해 자신이 선택한 반응에 책임이 있다

■ 우리는 자기 자신의 느낌에 책임이 있다.

■ 우리의 욕구는 상대에게 부담이 아니라 선물이다.

■ 효과적인 대화의 핵심은 공감을 경험하는 것이다.

우리가 NVC의 이런 4가지 핵심 개념에 기반을 두고 NVC를 연습하기 시작하면, 우리 자신이나 다른 사람과 맺어오던 관계를 완전히 바꾸어놓을 수 있는 의식의 전환이 이루어지기 시작한다. 밖으로 향하던 의식과 대화를 우리 안으로 돌리고, 나와 다른 사람 안에 무엇이 일어나고 있는지에 주의를 기울이면 우리가 사는 세상은 변화하기 시작한다.

이런 것을 생각해보자. 우리가 세상을 보는 눈, 즉 견해를 바꾸고 새로운 언어를 사용하면 우리가 살아가는 세상이 변화한다. 이러한 의식의 변화는 좀 더 나은 세상으로 가는 참다운 변화라고 나는 믿기 때문에 이 책을 쓰는 것이다.

이 책에는 느낌과 욕구에 대한 공감을 개인이나 전 기관이 실행하면서 생긴 변화에 대한 이야기가 많이 들어 있다. 여러분은 인간

의 정서적인 욕구를 충족시키는 것이 어떠한 약보다도 더 효과적이라는 것을 알게 될 것이고, 어떻게 하면 의료진이 힘들지 않게 일하면서도 더 나은 결과를 낼 수 있는지, 주변 사람에 대한 존중을 표현하는 것이 효과적인 동반자적인 문화의 초석이라는 것을 알게 될 것이다.

하지만 이러한 의식의 전환이 이루어지기 시작할 때, 전혀 다른 인식의 틀을 가진 사람은 NVC 과정 중에 어떠한 일이 일어나는지 이해하기 어려워한다. 말 그대로 '볼 준비가 되어 있지 않으면 보지 못한다.' 그래서 NVC의 개념을 모르고 연습해본 적이 없는 사람에게는 NVC의 효과가 마법 같기도 하고, 신비로워 보이기도 하고, 전혀 보이지 않기도 한다.

철학자인 쇼펜하우어는 이렇게 말했다.

"모든 진실은 세 단계를 밟는다. 처음에는 비웃음을 받는다. 다음에는 강하게 저항을 받는다. 세 번째 단계에서는 이것을 당연하게 받아들인다."[3]

그래서 만약 당신이 NVC를 새로운 방법으로 진실을 보는 체계라고 생각한다면, NVC 렌즈로 세상을 보지 않는 사람이 NVC를 비웃고, 반대하고, NVC가 인간관계에 주는 효과에 대해 여러 가지 다른 해석을 펼쳐나가는 것은 당연하다. NVC 개념을 자신의 삶이나 조직 문화에 도입하려 할 때, 사람들이 아직 잘 모르는 것에 대해 거리를 두고 싶어 하는 것은 자연스러운 반응이라는 것을 염두에 두는 것이 중요하다.

예를 들어보자. 어느 날 저녁, 나는 정신과 병동에서 앤이라고 하는 40세 여성을 간호하고 있었다. 그녀는 체중이 160kg이었다. 여기서 체중을 왜 말하는가 하면, 그녀는 하루에도 몇 번씩(적어도 매 교대시간마다 한 번씩은)이나 마룻바닥에 드러누워 소리를 지르고 직원들에게 욕을 했다. 이것은 심각한 문제였는데, 직원들의 힘만으로는 그녀를 들어 올릴 수 없었기 때문이다.

그녀를 마룻바닥에서 들어올리려 할 때마다 운반 전문팀을 불러야 했다. 그런데 매번 앤이 바닥에 누울 때마다 운반 전문팀을 부르는 것이 이 행동을 강화시키는 것이 아닌가 하는 염려가 되었다. 그래서 직원들은 그들이 할 수 있는 한 최대로 앤의 행동을 무시하는 방법을 택했다.

그러나 내가 앤을 간호한 그날 저녁에 그녀는 바닥에 눕지도, 소리를 지르거나 고함을 치지도 않았다. 그녀가 평소와는 다르게 행동하는 것을 알아차린 직원들은 자신들이 가지고 있는 기존의 믿음 체계에 맞춰 이 상황을 설명했다. "약이 기가 막히게 잘 들었나봐!"

물론 약물 투여가 행동을 바꿀 수 있는 가장 훌륭한 방법이라 믿는 인식체계 안에서는 이런 설명이 합리적으로 도달할 수 있는 결론이다.

그러나 이번 경우에는 정확한 설명이 아니었다. 앤의 행동을 변하게 한 것은 약물 투여가 아니라 내가 앤과 대화하고 연결했던 방식이었다. 모든 사람은 자신의 욕구를 충족하기 위해 항상 노력하고 있고, 그 행동이 설사 폭력적이더라도 공감을 통해 상대방의 마음과 연결할 수 있다는 NVC의 핵심 개념을 마음에 지니고 나는 앤의 방안에 들어섰다. 나는 앤이 자신의 느낌을 표현하도록 격려하고, 그녀가 미처 인식하지 못하고 있던 욕구를 말로 표현해주었다.

내가 그녀를 돌보고 있고, 말을 들어주고 있다고 느끼자 앤은 더 이상 마룻바닥에 드러눕는 방법으로 자신의 욕구를 충족하려고 하지 않았다. 이해와 관심에 대한 앤의 욕구가 나의 행동으로 충족되자 돌발행동은 '마법처럼' 사라졌다.

앤을 간호하는 것이 워낙 어려운 일이었기 때문에 내가 이렇게 '쉽게 교대'하는 것을 보고 다른 직원들이 많이 놀라워했다. 변화를 가져온 것은 약물치료가 아니라 환자를 대하는 방식일지도 모른다는 나의 말을 직원들은 믿으려 하지 않았다. 그들은 NVC 패러다임이나 공감과 연민의 힘을 직접 경험한 적이 없기 때문에 눈앞에서 일어나도 볼 수가 없는 것이다.

위의 예에서 볼 수 있듯이 조직 차원에서 NVC를 적용하는 것이 얼마나 중요한지 다시 한 번 알 수 있다. 분명한 것은 NVC를 사용하는 사람은, 한 개인으로서도 자신과 만나는 다른 사람의 삶을 치유할 수 있는 요소가 되어 중요한 일을 할 수 있다는 것이다. 그러니 조직 안의 모든 사람이 이런 의사소통을 공유하며 같이 일할 때 얼마나 효과가 클지 상상해보라.

어느 순간, 다른 이를 평가하거나 판단하는 대신 상대의 이야기에 귀를 기울이고 있는 자신의 모습을 발견하게 될 것이다. 우리는 상대의 있는 그대로의 진짜 모습에 관심이 있기 때문이다. 판단하지 않고 들으면서 우리는 사람들이 연민으로 차 있다는 것을 알게 된다. 사람은 다른 사람을 돕고 싶어 하고, 직장과 사회에 기여하고 싶어 한다. 안전, 존경, 사랑, 이해 등 똑같은 것을 원한다.

이것을 이해하게 되면(머리만이 아니라 가슴으로도 이해하게 되면) 사람이 연민을 가진 존재라는 것을 자연스럽게 '믿게' 된다. 조직이 이런 것을 이해하게 되면, 사람의 욕구를 충족할 수 있는 시스템을 만들기가 쉬워진다. 그러나 이러한 이해는 안에서, 가슴으로부터 나와야 한다. 밑에 깔려 있는 기존의 원칙, 믿음, 사고방식이 변화하지 않는 한 단지 외부의 조건만 바꾸어서는 실패하게 된다.

이제 여러분이 NVC의 4단계와 핵심개념에 대해 좀 더 풍부하게 이해하게 되었으니, 지금부터는 의료기관의 지배체제를 직원과 환자 모두의 욕구를 충족할 수 있는 파트너 체제로 바꾸는 데 NVC가 어떤 도움을 줄 수 있는지 살펴보자.

3장 지배체제에서 파트너 체제로
: 의료 시스템의 발전

인간 세상의 거의 모든 시스템에 점진적인 전환이 일어나고 있는 것을 볼 수 있다. 가족 생활에서, 국가 관계에서, 남녀 관계에서, 정치에서, 교육에서, 그리고 의료기관에서도 지배관계를 기반으로 하는 오래되고 강력한 전통이 파트너 체제에 자리를 내주고 있다. 이러한 점진적인 전환은 노력 없이 일어나지 않는다. 변화는 결코 간단하지도 한꺼번에 일어나지도 않는다.

그러나 거의 모든 사회관계의 영역에서 완고한 계급제도와 '지배 형태'는 상호성, 힘의 공유, 공동의 행복을 위한 협력에 기반을 둔 새로운 인간관계로부터 도전을 받고 있다.

가정에서의 파트너 모델

가족관계는 분명하고 생생한 예시가 된다. 불과 몇 세대 사이에 대부분의 가족관계는 지배체제에서 파트너 체제로 변화해왔다. 나는 지배를 기반으로 하는 가족문화 속에서 보낸 어린 시절을 생생하게 기억하고 있다. 특히 다음과 같은 말을 들으며 자랐다.

"애들은 조용히 있어야 해."

"그렇게 징징대면 정말 혼날 거야."

"내가 말한 대로 해."

이러한 말은 모두 힘의 관계가 수직적이고 일방적이라는 것을 보여주는 척도다. 즉 부모는 힘을 가진 '전문가'이고, 아이는 상대적으로 힘이 없고, 부모가 원하는 대로 복종해야 한다는 것이다.

이런 가족관계를 오늘날 많은 가정에서 나타나고 있는 가족관계 시스템과 대조해보자. 나와 함께 NVC 관련 일을 하는 부모는 그들의 부모님이나 조부모님보다 아이를 좀 더 존중하는 방법으로 키우려고 노력한다.

강압적인 분위기에서 자란 이들은 강압적인 관계가 이어져 내려와 아이와의 연결이 끊어지고 손상되는 것을 걱정한다. 그들은 힘을 쓰는 방법 대신 자녀와 사랑하는 관계를 기를 수 있는 방법을 찾는다. 내 경험으로 볼 때 이것이 단지 꿈만은 아니다.

나는 NVC의 도움을 받으며 아이를 길렀고, 지금은 다 자란 아이들과 훨씬 더 친밀한 관계가 되었으며, 내가 어릴 적 부모님과의 관계보다 더 가까워졌다. 이런 관계는 내가 꾸중하는 대신 들어주고, 비난하기보다는 믿어주고, 판단하기보다는 이해함으로써 대화를 계속 열어둔 덕분이다.

이처럼 오늘날에는 많은 부모가 가족의 의사결정에 아이를 참여하게 하고, 강요는 덜 하면서 부탁을 더 많이 하고, 아이가 스스로 의사결정을 할 수 있는 힘을 기를 수 있도록 기회를 준다.

직장에서의 파트너 모델

비즈니스 세계에서 지배 모델이 파트너 모델로 변화해온 과정을 살펴보자. 일하는 사람이 내적 동기에서 일할 때 기업의 수익이 올라간다는 연구가 나오면서 파트너 시스템을 비즈니스에 부분적으로나마 도입하기 시작했다. 경제적인 보상이나 처벌에 대한 두려움, 칭찬의 말 등을 쓰는 기존의 방법은 단기간에만 효과가 있을 뿐이다. 시간이 지나면 사람들은 자신이 조종당하고 있는 것은 아닌지 의심하게 되고, 성과도 뚝 떨어진다.

한때 비즈니스계의 정설로 여겨졌던 외적인 동기유발이 수익률을 높여준다는 생각은 도전을 받고 있다. 일하는 사람이 진정으로 내면으로부터 일할 동기가 생기는 것은 일 자체에서 영감을 받고, 자신의 일을 스스로 계획하고 조직할 수 있고, 자신이 기여하고 있다는데서 의미와 목표를 찾을 때이다.

그동안 많은 업계가 상명하달식의 계급체제에서 서로의 협동과 정보공유를 장려하는 조직으로 바뀌었다. 경쟁력을 유지하기 위해 많은 기업이 개인의 창의성을 장려하고, 조직의 모든 계층에서 위에서 답이 내려오기를 기다리는 대신에 직원이 스스로 해결 방법을 개발하는 것을 지원하고 있다.

의료기관도 변화하고 있을까?

기존의 운영 방식을 의도적인 조직 변화를 통해 파트너 관계로 조직의 변화를 만들어온 의료기관은 직원과 환자, 조직 모두에게 도움이 되는 훨씬 나아진 결과를 보았다. 그리고 NVC는 이러한 변화를 가져오는 데 중요한 부분을 차지하고 있다.

NVC는 지배관계가 인간적인 동반자 관계로 바뀌도록 도와주는 것 이상의 역할을 한다. NVC는 지배언어를 차차 사라지게 하고, 조직 안에 모든 사람이 인간다워지고 힘을 얻는 언어로 바꾸어줌으로써 실제로 변화를 만들어낸다.

NVC가 어떻게 의료계 안에 동반자체제를 가능하게 하고 그것을 지원할 수 있는지 더 깊이 탐구하기 전에 살펴볼 것이 있다. 먼저 지배체제가 현실에서 어떻게 작동하고 있는지 잠깐 살펴보고, 이런 지배체제가 의료기관과 그 속에서 일하는 의료인, 그리고 그들에게 치료를 받으려는 사람에게 얼마나 오랫동안 역사적으로 해로운 영향을 끼쳐왔는지 확인해보자. 좀 더 나은 체제로 향해 나아가는 데 이러한 역학관계를 깊이 이해하는 것은 중요하다. 지배체제에 분명하게 이름 붙이는 것으로써 변화가 어떻게 가능한지 보기 시작할 수 있다.

지배체제란 무엇인가

지배체제는 수천 년 전 우리 조상이 소규모로 경작을 하다가 대규모 집약적 농경시대로 옮겨가면서 발달했다. 많은 양의 식량을 생산하기 위해서 필요한 쟁기 같은 농기구를 다룰 수 있는 육체적 힘이 필요하게 되었다. 그렇게 육체적으로 힘이 센 남자가 점점 권력의 자리를 차지하게 되면서 힘과 서열을 기반으로 한 지배체제가 시작되었다. 이때 인류의 문화적·영적 변화가 일어났는데, 삶에 대한 존중과 즐거움이 사라지고 지배와 고통의 문화로 나아가게 되었다.

> "지배계급을 견고하게 유지하기 위해 폭력과 학대를 제도화했고(책임을 묻거나 기소하지 않은, 남성의 폭력으로 자행된 모든 전쟁과 성의 전쟁war of the sexes) 성별에 차이를 두는 사회화 과정이 진행되었다."[1]

지배체제 내에는 두 가지 역할이 있다. 지배하는 사람이 있고, 지배를 받는 사람이 있다. 위에 있는 사람은 아랫사람을 통제하고, 자신의 지위를 이용해 이득을 챙긴다. 이는 다른 이의 희생을 바탕으로 한다. 그러나 지배를 받는 사람은 이 체제가 유지되는 것이 자신에게도 이득이 된다고 믿곤 한다. 어쨌든 "아버지가 다 알아서 해주실 거니까."

이러한 체제는 두려움과 힘에 의해, 그리고 복잡한 느낌과 경험을 경직된 틀 속에 넣어 양극화하는 방식으로 유지된다. 즉 옳고 그르고, 좋고 나쁘고, 우리 편 아니면 저쪽 편, 상과 벌의 체제인 것이다.

지배체제의 해로운 점

의존성

지배체제가 미치는 영향을 보기 위해 가족의 경우를 다시 한 번 살펴보자. 부모가 지배적인 형태로 자녀를 기를 때 아이는 의존적인 사고를 계속하게 되고, 외부에서 오는 권위에 맹목적으로 복종하는 것을 볼 수 있다. 이렇게 학습된 의존적인 사고는 훨씬 더 넓은 사회적 결과를 가져오기도 한다. 권위적인 위치에 있는 사람에게 맹목적으로 복종하도록 사회화되면서 사람들은 스스로 자신에 대한 책임감을 잃어버리게 되고, 자신의 문제를 다른 사람이 해결해주기를 바라게 된다. 이러한 방식으로 사회화된 사람은 자신에게 영향을 미치는 결정도 다른 사람이 하도록 내버려두었다가 나중에 화를 내며 법석을 떤다.

한편으로 그들은 자신이 목소리를 높이면 불이익을 받게 될까봐 두려워한다. 다른 한편으로는 수천 년 동안 내려온 이 침묵의 방식을 어떻게 깨뜨릴 수 있는지 그 방법을 모르기도 한다.

지배체제의 언어는 대부분의 사람이 스스로는 합리적으로 사고를 할 수 없기 때문에 좀 더 똑똑하고 많이 배운 사람 혹은 좀 더 도덕적인 사람의 말을 들어야 할 필요가 있다는 생각을 만들어내고 지속하게 한다. 이러한 믿음 체계에 기반을 두고 있는 조직 안에서는 기본 욕구(자율성이나 존중과 같은)를 만족스럽게 충족하기 어려우므로 심각한 문제가 일어난다.

건강을 돌보는 관점에서도 이러한 태도는 잘 나타난다. 건강한 생활 습관을 기르고 자신의 건강을 돌보는 대신, 약이나 수술이 자신을 고쳐줄 것이라고 기대한다. 이러한 태도가 지금의 의료 시스템이 계속 굴러가도록 지탱해준다.

환자는 불안해지면 약을 먹는다. 담배를 피워 폐에 병이 들면 여러 가지 약을 복용하면서 자주 병원에 입원한다. 애초에 병을 예방하거나 심리적인 문제를 치유하고 돌보기보다는 의료기관과 권위자(의사)에게 전적으로 의지하는 이러한 사고방식이 현대의 의료시스템을 유지하고 있는 것이다.

돌봄과 공감의 가치를 낮게 평가하기

지배관계는 시스템 안에 있는 모든 사람이 자신의 진정한 느낌과 욕구를 무시하도록 사회화되지 않으면 유지될 수가 없다. 지배를 하는 사람과 거기에 복종하는 사람은 모두 분노의 감정은 억압하고, 공감과 정직, 그리고 돌봄 같은 인간적 욕구는 수치스러워하도록 사회화된다.

다른 사람에게 힘을 행사하기 위해서는 '거칠어져야' 한다. 이러한 '거칠음'은 지배하는 사람이 권력을 행사하는 역할을 하도록 해준다. 그러나 지배하는 사람은 지위나 역할이 아니라, 서로 가장 깊은 인간적인 특성을 인식하면서 다른 사람과 연결하고 싶은 자신의 욕구를 억압해야 한다.

지배하는 사람의 '거칠음'은 연결, 인정, 연민, 돌봄 등에 대한 '부드러운' 욕구를 업신여기고 비웃음으로써 강화된다.

"가족관계에서부터 시작하여 정치, 경제에 이르기까지 지배 질서를 유지하기 위해서 따뜻한 돌봄과 공감은 억압되어야 하고 평가절하되어야 한다."[2]

'윗사람'으로 보이는 사람의 힘에 복종하는 것도 역시 폭력이다. 힘을 가진 사람이 옳다고 굴복하면서 그들의 요구에 나의 뜻을 맞추어 나가려고 할 때, 우리는 자신의 의지를 억눌러야 하고, 자신이 가지고 있는 내면의 지혜에 귀를 기울이지 않는 법을 배우게 된다. 이러한 지배체제 안에서 돌봄과 연민, 연결 같은 인간적인 가치는 위험한 것으로 의심을 받는다. 역사적으로도 이러한 지혜를 가진 사람은 위험한 사람으로 취급당했다. "전형적으로 여자나 여성성과 관련된 것은 문화적으로 폄하하면서, 다른 사람을 돌보는 간호 같은 직업을 낮게 평가하고…… 이런 것은 우리 모두에게 부정적인 영향을 미쳤다."[3]

의료: 지배체제의 유산

　의료계에서 파트너 체제로 가는 흐름은 느리지만 그래도 지난 20년간 눈에 띄는 변화가 있었다. 여성 의사가 예전보다 많아졌고, 서양의학계에서도 침술이나 최면 그리고 치유 마사지 기법 등과 같은 기술을 환자 치료에 도입하기 시작했다. 일부 의사와 간호사는 오래동안 비인간적인 대우를 받았고, 환자에게도 그렇게 대우하도록 강요받는 것에 신물이 났다. 그래서 '전인간호협회The Holistic Nurses Association'나 '의료 르네상스 그룹Medical Renaissance Group'과 같은 조직을 만들어서 서로 지원을 하고 의료 시스템을 바꿀 수 있는 방법을 찾고 있다.

　의료기관도 진실로 환자의 욕구를 충족해주기를 원한다. 실제로 의료 시스템의 생존이 여기에 달려 있다. 그런데 조직 내의 힘의 구조와 그런 구조를 만들어내는 의사소통 방법에 중점을 두어 다루지 않고, 단지 외부 시스템만 바꾸는 것으로는 그런 효과를 낼 수가 없다. 조직 근저에 깔려 있는 행동 원리, 기존의 신념과 사고방식을 바꾸기 전에는 충분한 변화를 실현하기는 힘들 것이다.

　지배체제에 뿌리를 두고 있는 서양의학은 거기서 탈피하기 위해 노력하고 있고, 예전보다 진일보한 부분도 분명 있지만 의료기관에는 여전히 지배관계가 깊이 스며들어 있다. 의사는 간호사 위에서

군림하는 동시에 질병에 대한 지식을 갖고 있다는 사실로 병을 고치기 위해 필사적인 환자를 지배하는 위치에 있게 된다. 간호사는 동료끼리 서로 지배하려고 하고 환자를 지배하려 한다. 그리고 질병에 대한 자신의 지식을 이용하여 존경받으려고 하거나 상대를 통제하려 한다.

한편, 의료기관 자체는 계급적인 의사소통 시스템, 보상과 처벌의 구조, 서로를 통제하게 만드는 경영방식, 가치의 인식을 결정하는 완고한 지위 구조를 통해 직원을 지배한다.

이러한 지배체제 안에서 사회화된 사람의 특징은 자신이 어떻게 생각하고 느껴야 하는지를 외부의 권위자가 이야기해주기 바란다는 점이다. 예를 들어 책임 간호사가 조지라는 한 직원을 좋아하지 않는다고 해보자. 다른 직원 역시 조지를 냉정하고 무관심한 태도로 대할 것이다. 그런데 만약 어떤 의사가 와서 조지를 칭찬한다면, 다른 직원도 갑자기 그에게 친절하게 대할 것이다. 한 인간으로서 조지의 특성은 변하지 않았다. 그러나 권위의 위치에 있는 사람이 그를 어떻게 보느냐에 따라 그를 대하는 태도가 달라진다.

만약 조지가 자신이 속해 있는 지배체제에 잘 길들여져서 그런 체제의 논리를 그대로 받아들인다면 자신에 대한 인식도 그에 따라 계속 바뀔 것이다. 조지가 책임 간호사의 눈으로 자신을 보면 자신이 '실패자'처럼 보일 것이고, 의사가 자신을 칭찬할 때면 자신이 '능력자'처럼 느껴질 것이다. 다른 사람이 그러한 것처럼 조지는 자신의 내적 경험을 믿지 못하게 될 수 있고, 그 대신 그날그날 주위 사람이 말해주는 평가에 의존해서 자신을 실패자나 능력자로 보면서 산다.

현실에 대한 우리의 인식을 윗사람이 결정하는 방법은, 그 패턴들이 우리 몸에 너무나도 깊게 배어 있기 때문에 알아차리기 어려울 수도 있다. 그 간단한 예시로 병원과는 관련 없는 곳에서 벌어진 개인적인 경험 하나를 소개하려 한다.

예전에 미술 수업을 받았는데, 한번은 여러 과일의 정물화를 그려내는 숙제가 있었다. 그림을 가져가자 동료학생들은 내가 그린 바나나를 보고 웃으며 놀려댔다. 그러나 선생님께서 그 그림을 보고서 내가 그린 바나나를 칭찬했다. 그런데 선생님께서 이 말씀을 하자, 내 동료들이 웃는 것을 멈추고 내 그림이 멋지다고 말하는 게 아닌가! 동료 학생들의 현실 인식은 교실 안에서 가장 윗사람인 선생님의 시각에 맞추어 바뀌었다.

바나나에 대한 '진실'이 눈앞에서 바뀌는 것을 보고 나는 자신의 마음속 진실에 귀를 기울이는 것이 얼마나 중요한지를 알게 되었다. 그렇지 않으면 나는 평생토록 그때그때 가장 지위가 높은 사람이 자기 마음대로 하는 '바나나 판단'에 따라 살게 될 것이기 때문이다.

지위를 바탕으로 하는 시스템 속에서는
사람들이 잘 배우지 못한다

다른 사회도 그러하지만 의료계에서 우리가 받는 대우는 지배체제 안에서 지위와 서열에 달려 있고, 그것은 직함으로 분명하게 드러난다. 레지던트보다는 주치의가 높고, 일반 간호사보다는 수간호사가 높다. 사람들은 보통 직책이 높은 사람을 아랫사람보다 더 낫다고 생각한다. 직책에 따라 그에 맞는 존경을 받게 되고, 지위나 직책은 능력이나 전문성과 같다고 여긴다.

전문성으로 존경을 얻는 것을 강조하다 보면 모르는 것을 실패로 여기는 분위기가 만들어지고, 무언가 배우려는 노력을 능력이 없다는 증거로 판단받게 된다. 그래서 우리가 어떤 병동에 새로 왔거나 이제 막 새로운 분야를 배우고 있을 때면 그 일을 잘 알게 되기까지는 종종 판단을 받는다. 나는 간호 업무의 새로운 분야로 직장을 바꿀 때마다 이러한 경험을 했고, 다른 이에게도 이러한 일이 일어나는 것을 보아왔다.

아직도 기억나는 사건이 하나 있다. 그 사건이 일어나던 날, 저녁 교대 직후 정신병동에 새로운 환자가 들어왔다. 주치의는 이미 퇴근했고, 레지던트 한 명이 그 환자를 입원시키도록 호출을 받고 왔다. 그 레지던트는 주치의에게 전화하여 몇 가지 조언을 부탁했고, 전화를 받은 주치의는 차를 돌려 병동으로 다시 들어왔다. 그날 이후 그 병동에는 이런 말이 퍼졌다.

"저 레지던트 조심해야겠어. 저 사람은 자기가 하는 일을 잘 모르나봐."

이후에 그 레지던트와 이야기를 나누게 되었는데, 그녀는 자신이 "능력 없는 사람"으로 불리고 있다는 것을 알고 매우 고통스러웠다고 말했다. 그녀는 정신과 병동은 처음인데다 이제 막 요령을 익히고 있던 상황에서 자신이 달리 어떻게 행동했어야 하는지 혼란스러워했다.

배우고 성장하려는 성실한 노력을 전문가답지 못하다고 비난하는 분위기에서는 자신이 모른다는 사실을 인정하고 질문하는 것을 두려워하게 된다. 그래서 의료계 전문가는 자신이 잘 모르는 것에 대해 판단을 받기보다는 모르는 것을 자주 '덮어버리고', 실제로 아는 것보다 훨씬 더 많이 아는 것처럼 정직하지 못하게 행동해야 하는 것에 대해 엄청난 압박감을 느낀다.

이러한 시스템은 의료진이 자신이 수행하고 있는 치료 절차를 잘 모르더라도 질문하지 않은 채 계속 진행하도록 만들기 때문에 환자에게 위험할 수가 있다. 자신이 어떤 사람인지 또는 무엇인가 모르는 것에 대해 솔직한 것은 자신의 명성이나 자존감이 위험해진다는 생각을 하게 만드는 환경을 조성하게 된다.

다음은 자신의 지위를 잃게 될까 두려워서 '아는 체하는' 것이 얼마나 쉽게 부정적인 결과를 일으킬 수 있는지 보여주는 일례이다. 비록 여기에서는 결말이 좋게 났지만, 판단받는 것이 두려워 질문을 안 하는 비슷한 상황에서 얼마든지 위험한 결과가 일어날 수도 있다는 것을 어렵지 않게 알 수 있을 것이다.

간호대학을 졸업한 지 얼마 되지 않았을 때 나는 어쩌다 산모 병동에서 일하게 되었다. 여기서 나는 산모에게 유축기를 설치하는 임무를 맡았다. 그런데 나는 이전에 한 번도 유축기를 본 적이 없었다. 선배 간호사에게 유축기가 어디에 있는지 물어보자 그녀는 화난 목소리로 "복도에 있어요"라고 말하고는 뒤돌아서 가버렸다. 그녀가 스트레스에 시달리고, 또 화가 나 있는 것처럼 보여서 나는 쫓아가서 더 명확하게 물어보는 걸 주저했다. 나는 복도에 기계가 하나 있는 것을 보고 병실로 가져와서 환자의 가슴을 기계에 튜브로 연결한 다음 기계를 켜보았다. 잘 맞는 듯이 보였고, 작동도 잘 되는 것처럼 보여 나는 병실을 떠났다. 그런데 다음날 한 레지던트가 내게 와서 이렇게 웃으며 이야기하는 것이 아닌가!

"멜라니, 누가 환자 가슴에 '곰코 석션'을 꽂아 놨어요?"(곰코 석션은 상처에서 흘러나오는 고름 등을 빨아들이기 위해 음압을 거는 기계이다.)

천만다행으로 그 환자에게 나쁜 영향은 없었다. 그때부터 나는 새로운 것을 배울 때 신중하게 질문을 하고, 다른 사람을 짜증나게 하지 않으면서 일을 배우고 익숙해지기 위해 애썼다.

지배체제의 언어는 어떤 형태인가?
그리고 의료계의 목적을 어떻게 방해를 하고 있는가?

자신의 진실을 알지 못하게 하고, 새로운 것을 배우는 데 주눅이 들게 만드는 지배체제의 유산이 어떻게 의료계에 영향을 미치고 있는지 살펴보았다. 그런데 아마도 우리가 지배체제에서 받은 제일 깊은 상처는 습관적으로 쓰는 언어방식에 있을 것이다. 의사소통 패턴은 우리의 믿음 체계를 통해 만들어지고, 그 믿음 체계는 우리가 쓰는 말로 유지된다.

언어는 우리가 세상을 보는 시각과 더불어 우리의 인식을 만들고 표현한다. 우리가 지배언어를 무의식적으로 계속 쓰는 한, 지배체제를 계속 유지하게 만들고 따라서 환자를 전인적이고 연민으로 대하는 방향으로 전환하기가 어려울 것이다. 우리는 자신의 느낌과 욕구를 가볍게 여기는 이러한 수직적이고 지배적인 언어 습관을 의도적으로 멀리해야 한다.

지배체제에서는 관심의 초점이 밖으로 집중되어 있고, 그것은 바깥 세상을 통제하고 판단하는 데 중점을 두는 대화양식에서 잘 나타난다. 비난하고, 비판하고, 위협하고, 칭찬하고, 상과 벌을 사용하는 언어는 '지배하는power over' 구조를 유지해준다. 밖으로 집중되어 있는 이러한 소통은 평가, 진단, 꼬리표 붙이기, 판단, 분석 등으로 가득 차 있다. 동기가 밖에서 오고 상과 벌이 보편적인 지배 시스템 안에서 쓰는 언어에는 "해야만 한다" "~할 수밖에 없다" "하지 않으면 안 된다" "당연히"와 같은 말이 가득하다.

지배체제의 언어 중에서 특히 꼬리표를 붙이거나 다른 이를 분석하는 것은 환자의 고통을 더 깊게 하고 오래가게 만들어서 의료계의 사명인 치유를 방해한다. 다음은 지배체제의 언어가 갖는 부정적인 힘에 대한 작은 예시이다.

어느 날 저녁 나는 입원 환자에 대해 보고하는 자리에서 내가 새로 맡게 될 환자가 "우울덩어리"라는 말을 들었다. 물론 이러한 꼬리표는 일종의 판단을 포함하고 있다.

"우울한 것은 나쁜 것이다. 그리고 자신의 우울을 적절하게 조절하고 억제하지 못하는 것은 특히 나쁜 것이다"라는 판단이다. 이러한 말을 듣고 나서 나는 복도에서 이 환자를 마주쳤는데, 이 환자는 울면서 내가 같이 이야기해주기를 바랐다.

나는 만나는 것에 동의하기 전에 잠깐 나 자신과 연결해보았다. 내면을 들여다보자 나는 이 환자에 대해 보고한 그 사람과 은밀히 같은 결론을 내리고, 나 자신도 이 환자를 "우울덩어리"라고 판단하고 있는 것을 알아차렸다. 이는 나답지 않은 일이었다. 나는 대부분의 경우 자신의 느낌을 솔직하게 표현하는 사람을 좋아하기 때문이다. 나는 조직 문화에 휩쓸려 따름으로써 소속감과 수용의 욕구를 충족하려 했다는 것을 알아차렸다.

이렇게 지배 개념이 만연한 조직에서 일하는 것은 참으로 파괴적일 수 있다. 폭력적인 방식으로 생각하고 행동하는 것을 지원하는 조직 안에서는 누구라도 자신의 진정한 가치를 유지하기는 매우 어려워진다.

나는 나 자신의 연민과 연결을 다시 회복한 다음, 그 환자와 함께 앉아서 그녀의 고통에 공감을 해주었다. 10여 분 동안 귀 기울여 들어주고, 그녀가 표현하는 느낌과 욕구를 반복하여 다시 말해주었다. 그러자 그녀는 울음을 그쳤고 우리는 같이 농담을 하며 웃기 시작했다. 우리는 서로 편안하게 연결해 있음을 느낄 수 있었다.

이 환자는 누군가에게 이해받기를 원했기 때문에 하루 종일 울었던 것이다. 일단 자신이 원하던 이해를 받았다고 느끼자 그녀는 울음을 그쳤고, 병동 안의 활동에 참여하기 시작했다.

다음은 의료인이 사용하는 말이 환자의 행동에 어떤 영향을 미치는지 보여주는 다른 예이다. 어느 날 밤, 나는 한 간호사가 환자에게 이렇게 말하는 것을 들었다.

"당신은 내 시간을 너무 많이 잡아먹어요."

이 말은 그 환자의 마음을 산란하게 만들었고, 환자는 곧 울기 시작했다. 그 후 두 시간 동안 그 환자는 간호사실 근처를 서성대면서 모든 직원에게 뭔가를 도와달라고 부탁했다. 그날 밤은 매우 바빴고, 직원들도 스트레스를 많이 받고 있던 날이라 '항상 징징대는 사람'으로 낙인찍힌 그 환자를 아무도 돕고 싶어 하지 않았다.

나는 하던 일을 멈추고 그 환자의 방으로 같이 가서 그녀의 고통에 귀를 기울여주었다. 나는 공감해주었고, 그녀가 필요로 하는 것을 돌보아 주었다. 그러자 그 환자는 진정이 되었고, 그 후 곧 잠자리에 들었다. 10분 정도의 진정한 공감과 관심을 주자 환자는 안정을 되찾았고, 더 이상 남에게 성가시고 징징대는 것으로 판단받는 방식으로 자신의 욕구를 충족하려 하지 않았다.

"당신은 내 시간을 너무 많이 잡아먹어요"와 같은 간단한 말이 어떻게 폭력의 한 형태일 수 있는 것일까? 그리고 이것은 왜 그렇게 고통스러운 반응을 일으키는 것일까? 이 말을 자세히 살펴보자.

"당신"이라는 첫 단어는 바깥을 향한 대화로써, 비난을 함축하고 있다. "잡아먹는다"는 말은 상대방이 탐욕스러운데다 바라는 것이 너무 크고 적절하지 않다고 비난하는 뜻이다. "너무 많이"라는 말은 명확치 않은데다가 판단을 담고 있다. 전체적으로 밖으로 향한 이 문장은 환자가 지금 무엇을 잘못하고 있는지에 대한 분석이다. 이

문장 안에는 말하는 사람의 책임의식이 전혀 드러나 있지 않다.

우리는 이러한 방식으로 자신을 표현한 간호사 역시 매우 고통스러웠을 것이라는 점을 공감하고 이해할 수 있다. 이 간호사는 매우 양심적인 사람이어서 환자의 욕구를 충족해주지 못할 때면 상당히 괴로워했다. 그러나 그녀 역시 사람이므로 병동에 직원이 적어 일손이 모자랄 때는 스스로 만족감을 느낄 수 있는 수준으로 일을 할 수 없기 때문에 짜증이 났다. 그리고 환자가 무엇을 부탁해도 화가 났는데, 이는 교대 전에 일을 전부 끝마치고 싶어 했기 때문이다.

그러나 그녀의 말에 따른 결과는 어떠했는가? 아이러니하게도, 원치 않던 바로 그런 일이 벌어졌다. "당신은 내 시간을 너무 많이 잡아먹어요"처럼 환자를 위압하는 말을 하자 환자는 화를 내고 전보다 더 많이 돌보아주기를 원했다. 이는 상대방이 나쁘다는 암시를 하는 판단의 말을 했을 때 무슨 일이 벌어지는지 보여주는 예이다.

그녀가 한 말 속에는 말할 때 습관적으로 사용하는 몇 가지 언어 패턴과 사고 패턴이 함축되어 있고, 그것은 상대방을 고통스럽게 만들 수도 있을 뿐더러 때로는 폭력적으로 만들 수도 있다. 이 환자는 울음을 터뜨렸지만 다른 환자라면 의자를 집어던질 수도 있는 것이다.

그러면 이 간호사는 어떻게 다르게 말할 수 있었을까? 비폭력대화를 통해 파트너 체제로 가기 위한 변화는 우선 간호사 자신이 내적으로 자기 자신을 공감할 수 있는 능력에서 시작한다. 누구나 자신이 갖고 있지 않는 것을 남에게 줄 수는 없다. 우리 스스로에게 공감할 수 없다면 다른 이를 공감할 수 없다. 그 간호사가 한순간이라도 자기 공감을 할 수 있다면 환자와 보다 따뜻한 방식으로 연결하는 데 도움이 되었을 것이다. 만약 이 간호사가 NVC를 알았다면, 다른 사람에게 부탁을 하여 잠깐 공감을 받을 수도 있고, 또는 상대방을 자극하지 않으면서 자신을 표현할 수 있을 것이다.

"지난 30분간 다섯 가지 부탁을 하셨는데, 나는 지금 차트 정리를 끝낼 시간이 필요해서 좀 힘들어요. 앞으로 한 20분 동안 저한테 도움을 청하지 말고 방으로 돌아가서 스스로 해보시겠어요?"

지배체제 유형의 언어 패턴을 사용하면 변화하는 시스템이 요구하는 꼭 필요한 치료를 제공하기 어렵게 만든다. 또한 의료인이 자신의 기본 욕구를 충족했을 때 느끼는 만족감도 얻지 못하게 막는다. 이런 소통의 방법은 병원 차원에서는 환자에게 연민 가득한 치료를 제공하기 위해 필요한 효율적인 방안을 개발하기 어렵게 만든다.

한편 개인의 내면의 세계(느낌과 욕구)를 표현하는 언어는 지금까지 병원 안에서 잘 계발되지 않아서 자신이 알아차리기 시작한 것을 언어로 표현하려고 애쓰다 보면, 처음에는 서투르고 이상하게 들릴 수도 있다. 그렇다 할지라도 조직이 파트너 체제로 바뀌려면 그에 따라 언어도 따라서 바뀔 필요가 있다.

욕구를 충족시키는 데 초점을 맞추는 파트너 체제

새로운 동반자적 시각을 길러주는 언어문화를 조직 안에서 만들기 위해서는 NVC를 도입하는 것이 도움이 된다. 이러한 패러다임의 전환 – 외적 동기로부터 내적인 동기로 – 으로 구성원은 보다 책임감을 갖게 되고, 자신의 일에 보다 열정을 갖게 된다. 동시에 조직전체의 생산성과 이윤을 향상시킨다.

파트너 모델을 채택하면 지배 시스템에서 흔히 있는 문제, 즉 권위에 대한 두려움, 싫으면서도 순종하는 일, 이름이나 직함에 안주하는 태도, 아니면 모든 것을 냉소해버리는 등의 문제는 좀 더 쉽게 해결된다.

NVC는 의료기관이 환자와 의료진 모두가 지지받고 치유받는 의료 환경을 만들고 유지할 수 있는 능력을 갖게 해준다. 솔직하게 표현하기와 공감, 존경과 이해, 인정과 감사, 상호성과 수용 등을 표현하는 언어는, '협력하는power with' 파트너 구조를 만들어준다.

누군가의 지위나 이름 대신 그 사람의 느낌과 욕구에 집중하는 파트너 체제는 보다 평등한 환경을 만들어낸다. 파트너 체제 안에서 모든 욕구는 동등하고, 모든 이의 느낌은 중요하다.

만약 어떤 사람의 말이나 행동 때문에 화가 났다면 그 느낌을 표현하는 것이 좋다. 그러한 반응을 자극한 바로 그 사람에게 직접 이야기를 하면 그와 연결이 이루어지게 되고, 오히려 근거 없는 소문이나 앙갚음을 막을 수 있다.

내가 일한 한 병원에서는 업무 중에 불만 사항이 있으면 그것을 관련 당사자에게 직접 이야기하도록 직원을 교육했다. 처음에는 두려워했지만 차츰 쉬워졌다. 이 병원은 내가 일한 다른 어떤 곳보다도 효율적이었고, 이 시스템 안에서 내가 쓰는 말이 다른 이에게 미칠 수 있는 영향에 대해 더 잘 알 수 있게 되었다.

병동에서 신참이었고 배우려고 노력하는 중에 "무능하다"는 평가를 받고 고통스러워한 그 레지던트를 떠올려보자. 만약 그녀가 평가를 맡은 주치의에게 자신이 얼마나 고통스러운지 직접 이야기했다면 이야기가 얼마나 달라졌을지 생각해보자. 그랬다면 신참을 판단하는 관계가 이해의 역학관계로 바뀌기 시작했을지도 모르는 일이다.

판단한다는 것은 이해한다는 것의 반대말이다. 사람들이 우리 안에 있는 한 인간의 모습을 보고 우리가 누구인지 이해하기 시작하면, 판단은 사라진다.

'비폭력'이란 무슨 뜻인가?

NVC에 대해 한 번도 들어본 적이 없는 사람은 폭력에 대한 선입견을 가지기도 한다. 대부분은 폭력이 물리적인 공격을 뜻한다고 생각한다. 그러나 실제로 물리적 폭력은 종종 언어 폭력에서 생겨난다.

지배체제의 언어에 대한 논의에서 보았듯이, 언어 폭력은 너무나도 무의식적이고 문화적으로도 보편적이어서 사람들은 언어가 얼마나 큰 영향력을 갖는지 잘 인식하지 못한다. 우리가 사용하는 단어는 사람 사이의 연결을 만들어낼 수도 있고, 단절을 만들어낼 수도 있다.

나는 환자를 진정시키고 싶을 때면 환자의 느낌과 욕구에 초점을 맞춘 단어를 사용한다. 어떤 사람이 이미 매우 화가 나 있는데 내가 그 사람의 잘못을 암시하거나 무엇인가를 강요하거나 위협하는 말을 한다면, 그 사람은 더 격분하게 되어 물리적 폭력도 사용하게 될지도 모른다.

우리는 '비폭력' 대화를 할 때 가급적 상대방과 연결이 이루어지면서, 상대방에게 능력을 부여할 수 있는 단어를 골라 쓴다. 비난이나 비판, 그리고 판단을 나타내는 말은 종종 폭력을 일으킨다. 어떤 사람이 우리를 단지 하나의 이름으로만 불렀을 때 우리 마음속에서 어떤 일이 일어나는지 생각해보자. 진실한 모습을 봐주지 않아서 화가 나거나 속상한가? 공감을 받고자 하는 우리의 욕구를 어떻게 충족해줘야 할지 모르는 채 비난을 받을 때 우울해지거나 화가 난다.

어린 학생이 학교에 총을 가져가 아무에게나 마구 쏘아대는 사건이 생기면 우리는 놀라곤 한다. 만약 이 학생이 자신의 고통을 말로 표현하는 방법을 알아서 다른 이에게 공감을 받을 수 있었다면 이렇게 폭력적인 방식으로 자신의 욕구를 충족하려 하지 않았을 것이다.

새로운 믿음과 가치관을 반영하는 새로운 언어를 통해서 우리는 지배체제의 유산으로 남은 상처를 치료할 수 있고, 파트너 관계를 향한 길을 만들 수 있다.

지배체제와 파트너 체제—간략한 요약

이번 장에서 우리는 지배체제와 파트너 체제 사이의 여러 차이점을 살펴보았다. 다음에 정리한 표를 보면서 자신 또는 우리 직장이 지배관계에서 파트너 관계로 발전해가는 과정 중 어디에 있는지 한번 생각해보자.

우리 대부분은 지배관계가 우리 삶에 얼마나 넓게 스며들어 있는지 많은 경험을 통해 알고 있다. 또한 우리와 우리가 속해 있는 시스템이 이미 파트너 모델을 향해 변화하기 시작했다는 것을 보여주는 예도 쉽게 찾을 수 있을 것이다. 어떤 영역에서 이러한 변화의 움직임이 느껴지는가?

우리가 자신의 느낌과 욕구를 인식하고, 내면 힘의 원천을 발견하게 될 때까지는 '지배체제' 게임 안에서 종노릇을 하게 된다. 그리고 이런 것들을 계속 의식하지 못하면서 행동하면 우리가 이 시스템의 문제를 지속시키는 결과를 낳게 되는 것이다.

사회가 진화하고 사람들이 자신의 본성을 깨닫기 시작하면, 죄책감과 부끄러움, 위협과 같은 낡은 도구로는 더 이상 사람을 움직일수 없다. 이런 도구로 의료 전문가를 움직이려고 하는 것은 그들의 지성을 모욕하는 것으로서, 오히려 의료인의 적의와 분노를 일으키게 된다. "인적자원으로서 지성은 존중받는 곳으로 가게 되고, 좋은 대우를 받는 곳에 머물게 된다. 지성은 몰려서 가는 게 아니라 스스로 끌려야 온다"라는 말과 같다.[4]

다음 장에서는 지배체제 안에서 종사하는 사람들, 특히 간호사 사회에서 일상적으로 일어나는 언어의 역학관계들을 살펴볼 것이다. 그리고 어떻게 이러한 언어들이 간호사들의 업무환경의 질만이 아니라 환자가 받는 대우나 돌봄의 질도 떨어뜨리는지 보게 될것이다.

지배체제	파트너 체제
지배하기	협력하기
통제하기 위한 계층구조	성실성을 지향한다.
복종, 외부의 명령을 따른다.	성실성, 내면의 진실을 따른다.
지배하고 복종하는 역할	각자가 온전한 전체
두려움에 기반	신뢰에 기반
외부 권위자에 의존	자기신뢰와 권한부여
의존 아니면 독립	상호의존
외적인 욕구에 초점	내면의 욕구에 초점
다른 사람을 통제하기 위해서 소통을 함	다른 사람과 연결하기 위해 소통을 함
배움이란 약함과 낮은 지위의 표시이다.	배움은 책임이고 지속적인 욕구이다.
욕구나 원하는 것을 이분법적으로 판단한다. (좋고/나쁘고, 옳고/그르고, 강하고/약하고, 적절하고/부적절하고)	다양한 욕구나 원하는 것을 수용하고 이해하려 한다.
개인은 공동체/구조를 위해 일한다.	공동체/구조는 개인을 지원한다.
지위와 계급을 지속시킨다.	모두를 존중하고 협조하도록 격려한다.
돌봄이나 공감을 폄하한다.	돌봄과 공감을 가치 있게 여긴다.
욕구를 숨기는 것이 권위주의를 지속시킨다.	욕구에 대한 솔직함이 파트너 체제를 유지한다.
자신의 느낌과 행동의 책임을 다른 사람에게 지운다.	자신의 행동과 느낌에 책임을 진다.
지위를 추구하고 방어한다.	성장과 진화가 항상 진행된다.
삶을 소외시킨다.	삶에 기여하고 풍성하게 한다.
옳은 길은 하나뿐이다.	여러 생각들을 존중한다.
생명은 분류되고, 삶은 값어치가 없다.	생명은 신성하고, 모든 삶을 존중한다.

4장 진단하고, 판단하고, 분석하고, 꼬리표를 다는 언어

3장에서 살펴보았듯이, 지배 모델에 따라 만들어진 조직은 그 조직을 유지하기 위해 지배언어에 의지한다. 이러한 지배언어는 상하관계를 강조하고 자신 밖의 세상을 통제하는 데 초점을 맞춘다.

서양의학계에서는 진단과 분류가 환자 치료의 기초가 되기 때문에 병원에서는 진단, 분석, 판단, 그리고 꼬리표를 붙이는 언어를 특히나 빈번하게 사용한다. 흥미로운 것은 이러한 언어가 그들이 '다루는' 환자에게 사용하는 말에만 국한되는 것이 아니라 의료인 사이의 언어에도 스며들어 있다는 점이다.

이번 장에서 우리는 판단, 진단, 꼬리표 붙이기가 무엇을 뜻하는지 알아볼 것이다. 그리고 이러한 언어 패턴이 지닌 영향력과 그것을 강화시키는 병원 시스템에 대해 알아볼 것이다.

또한 우리가 이러한 언어를 NVC의 눈을 통해 본다면 어떤 일이 일어날지 살펴보고, 의료기관에 만연해 있는 이 같은 부정적인 역학 관계를 개선하기 위해 NVC를 활용할 수 있는 방법에 대해서도 생각해볼 것이다.

자기 충족적 예언의 원리: 어떻게 판단이 우리를 옭아매고 제한하는가

누군가 우리를 판단하고 꼬리표를 붙이면 재미있는 일이 벌어진다. 우리는 그 판단대로 행동하기 시작한다. 어떤 사람이 나를 보고 무능하다고 판단해버리면, 나는 말 그대로 무능해진다. 내가 어떤 사람에게 긴장과 불편함을 갖게 되면 이전에는 잘 하던 일을 하는 것도 어려워진다. 바닥에 물건을 떨어뜨릴지도 모르고, 무엇인가 잘못 말할 수도 있다.

어떤 사람이 나를 도움이 되지 않는 사람이라고 판단해버리면, 나는 그 사람을 돕는 것이 세상에서 가장 싫어진다. 반대로 내가 유능하다고 평가받으면 나는 좀 더 자신감이 생기고, 이것은 내가 하는 일에도 영향을 준다. 꼬리표를 붙이고, 판단하고, 진단하는 것은 종종 자기 충족적 예언이 된다.

일단 다른 사람이 붙인 꼬리표대로 변하기 시작하면 우리 삶에서 여러 가지 가능성의 폭은 급격히 좁아진다. 1968년, 학교 선생님이던 제인 엘리엇은 자신의 3학년 학생을 대상으로 차별의 영향을 보여주는 놀라운 연구를 진행했다.

그녀는 자신의 반 아이를 두 그룹으로 나누었다. 한 그룹은 '푸른 눈의 아이들'이었고, 다른 하나는 '갈색 눈의 아이들'이었다. 하루는 푸른 눈의 아이들에게 비판적이면서 모욕적인 방식으로 대했고, 그 다음날은 갈색 눈의 아이들에게 같은 방식으로 대했다. 이렇게 비판적으로 대한 그룹의 아이들은 교실에서 생활을 잘 해내지 못했다. 그런데 그들이 상대적으로 우월한 그룹이 되었을 때는 학습 수행능력도 향상되었다.

이로부터 30년이 지난 후, 오프라 윈프리는 스튜디오 청중과 함께 이 실험을 반복해보았다. 청중은 자신이 실험에 참가하고 있다는 것을 알고 있는데도 복잡한 방 안에 앉아 있거나, 선 밖에서 기다리게 되면 속상해하고 화를 냈으며, 그룹 안에서 갈등이 일어나기도 했다. 청중 중 한 사람은 힘 있는 누군가가 자신에게 다른 사람을 무례하게 막 대하라고 말하자 별 생각 없이 그 말을 따르게 되었다고 말했다. 마치 50년 전 나치 치하의 독일에서 벌어진 일과 같다고 그는 표현했다.

제인 엘리엇은 우리 모두가 차별을 바꿀 수 있는 힘이 있는데, 그 것은 자신의 행동을 바꾸고, 말을 바꾸고, 생각하는 방식을 바꿀 때 일어날 수 있다고 말한다.

이번 장에서는 자기 충족적 예언이 의료계 안의 모든 사람 - 그 안에서 일하는 의료인, 그들이 돌보는 환자, 그리고 병원 전체에 미치는 영향에 대해 살펴볼 것이다. 또한 꼬리표 붙이기, 진단하기, 판단하기 등과 관련된 다른 현상도 함께 살펴볼 것이다.

진단과 판단이 어떻게 조직의 효율성을 제한하는가

병원의 직원이 일하는데 서로 조화를 이루지 못하면 모든 사람이 고통을 받게 된다. 왜냐하면 서로에게 적대적인 감정을 느끼게 되는 환경은 계속 긴장감이 느껴지고, 사기가 떨어지기 때문이다. 일반적으로 아파서 휴가를 내는 사람이 늘고, 그로 인한 유지 · 충원 비용이 치솟으면서 행정적 부담이 생기게 된다. 특히 의료기관에서 직원들이 느껴지게 손발을 맞춰 조화롭게 일을 하지 않으면 환자 치료의 질 또한 떨어지게 되는데, 그것은 의료기관의 가장 중요한 사명이 훼손되는 것이다.

판단은 직원들의 업무 수행 능력을 해친다

판단과 꼬리표 붙이기를 부추기는 환경 안에서 일할 때 직원의 직무수행 성과 역시 떨어지는 경우가 많다. 우리가 다른 사람을 평가하고 판단하면 그 사람이 유능하게 일할 수 있는 능력을 실제로 떨어지게 한다. 아래의 그림은 판단이 어떻게 연쇄 반응을 일으켜서 결국 그 사람이 잠재능력을 발휘하지 못하는 행동을 하게 되는지 보여준다.

이런 순환이 의료계에서는 어떻게 나타나는지 살펴보자. 당신이 병동의 신참 간호사인데, 동료 간호사가 당신이 일한 기록을 보고는 무능한 사람이라고 판단했다고 가정해보자.

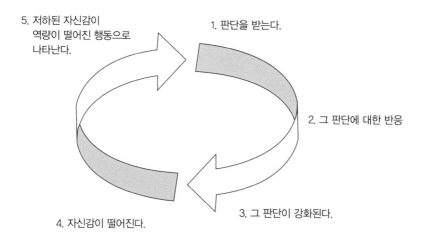

5. 저하된 자신감이
   역량이 떨어진 행동으로
   나타난다.

1. 판단을 받는다.

2. 그 판단에 대한 반응

3. 그 판단이 강화된다.

4. 자신감이 떨어진다.

1단계 당신은 동료의 판단에 민감해져서 멸균 붕대를 바닥에 떨어뜨리게 된다.

2단계 붕대를 떨어뜨리고 나서 동료의 처음 판단이 당신에게 강화된다.

3단계 당신은 당황하게 되고, 점점 두려워진다. 자신의 능력에 대한 자신감이 떨어진다.

4단계 낮아진 자신감과 두려워하는 마음 때문에 붕대를 바꾸는 동안 손이 떨린다.

5단계 이제 상황은 반복된다. 당신을 관찰한 동료는 속으로 당신이 불안하고 초조해하는 사람이라는 꼬리표를 단다.

1단계 당신은 이 꼬리표를 은연중에 느끼게 된다. 그러면 그 동료가 당신 근처에 있을 때면 말을 더듬게 된다.

2단계 이는 그의 판단을 강화시킨다.

3단계 당신의 자신감과 자아존중감이 더욱 떨어진다.

4단계 이렇게 되면 당신이 뭔가 결정할 때마다 멈칫거리며 다시 생각하게 되고, 이 때문에 정해진 내에 일을 끝마치지 못하게 된다.

5단계 상황은 계속 돌고 돈다. 이 신참 간호사가 뭔가 심각한 실수를 할 가능성이 농후해지고 있고 아마도 직장을 잃을 수도 있다는 것을 알 수 있을 것이다.

판단하는 문화에서는 배우기가 어렵고 비싼 대가를 치르게 된다

내가 간호대학에 다닐 때 처음 배운 교훈 중 하나가 '간호사는 실수가 허용되지 않는다'는 것이었다. 이러한 기대는 비인간적인 환경을 만들게 된다. 왜냐하면 우리는 모두 사람이고, 사람은 실수를 하기 때문이다. 완벽하려고 노력할 때 우리는 경직되고 자신에게도 가혹하게 대하게 된다.

내면에서 자신을 가혹하게 대하는 사람은 밖으로도 동료를 가혹하게 대하게 된다. 동료가 실수를 하면 지지해주는 대신 심판하게 된다. 이는 동료에게 두려움과 수치심을 주고, 나아가 상처까지 입히게 된다. 직장에서 서로에게 적대감을 품게 되기도 한다.

외부에 초점을 두는 판단의 언어를 사용하면서 상과 벌의 시스템으로 운영되는 직장에서는 직원에게 필요한 공감과 안전에 대한 욕구를 충족하지 못한다. 직원들은 매사에 방어적으로 반응하고, 두려워하게 된다. 의사소통이 닫혀 있으므로 감정적 상처가 치유될 수 없고, 서로를 지지해주는 공동체가 생겨날 수가 없다.

배우려고 하기보다는 비난하기를 선택하게 된다

간호사는 실수를 했을 때 처벌이 두려워 그 실수를 감추려고 노력한다. 예를 들어, 로리라는 간호사가 두 번의 투약 실수를 해서 수간호사 방으로 불려갔다. 수간호사는 누구나 이해할 수 있듯이 환자의 안전을 걱정하며 로리에게 더 이상 투약 업무를 맡지 말라고 말했다.

수간호사는 이를 투약 시스템을 개선하는 가능한 방법을 배우는 기회로 삼는 대신 담당 간호사를 비난하면서 '손쉽게 처리'하는 방법 쪽을 택했다. 그 결과 로리는 수치스러웠고, 사기도 떨어졌다. 이런 일이 한 사람에게 일어나면 다른 모든 이에게도 그 영향이 조금씩 퍼져나가는 경향이 있다. 실수할까봐 계속 두려워하면 내적으로 긴장하게 되고, 그 다음에는 실수를 하기 더 쉬운 환경이 만들어진다. 실제로 로리도 그러했다. 첫 번째 투약 실수를 하고 나서, 매우 두려웠고, 그때 두 번째 실수를 하게 되었다.

어떤 사람이 실수를 했을 때 그 사람을 비난하다 보면 그 문제를 깊게 이해하기 어려워지고, 어떤 시스템이 문제인지 알아보기도 더욱 힘들어진다. 간호사가 투약 실수를 했을 때 담당 간호사에게만 비난을 집중하게 되면 투약 시스템 자체는 검증해볼 수가 없게 된다. 만약 시스템 자체에 관심을 집중해서 어디에 약점이 있어 이런 실수가 생겼는지 알아볼 수 있으면, 앞으로 일어날 수 있는 실수도 미연에 방지할 수 있다.

수간호사가 알려고 하지 않은 것

사실 투약 실수가 일어난 데에는 여러 요인이 있었다. 그중 하나로, 투약 노트는 낱장으로 끼웠다 뺐다 할 수 있는데 그중 많은 페이지가 링에서 떨어져 있었다. 손으로 적어놓은 기록의 일부는 알아보기 어려운 상태였고, 더 이상 투약하지 않는 약물이 최근 약물과 섞여 있어서 현재 투약해야 하는 약물과 섞이기가 쉬운 상황이었다.

게다가 로리가 두 번째 실수를 한 날에 그녀는 어려운 환자 두 명을 맡았고, 병동의 모든 환자에게 투약도 해야 했다. 병동이 바빠지면 해야 할 모든 일을 할당된 시간 안에 한다는 것이 거의 불가능하다. 바쁜 야간에 투약 업무까지 맡은 간호사는 자신의 환자와 이야기할 시간이 거의 없다. 간호사가 일일이 다 돌볼 수가 없는 때가 많아서 어떤 때는 환자 스스로 투약을 해야 하고, 이런 경우에 투약 실수가 일어나기 쉽다.

로리가 관리자에게 이러한 투약 시스템에 대해 불평했을 때 관리자는 이렇게 말했다.

"잘 돌아가고 있는데요. 우리는 늘 이렇게 해왔어요."

어떤 일을 성취하는 데 한 가지 방법에만 집착하면 종종 문제가 생길 수 있다. 특히 이 방법이 관련된 사람의 욕구를 반영하지 않는다면 더욱 그렇다. 좋은 방법처럼 보인다 하더라도 일하는 사람이 스트레스를 받는다면 실제로는 좋은 방법이 아닌 것이다.

왜 로리는 윗사람에게 보고하지 않았을까?

위에서 묘사한 투약 시스템에는 또 다른 문제가 있다. 바로 보복이 있다는 것이다. 투약 실수(혹은 어떤 실수라도)를 발견한 간호사는 상부에 이를 알리고 그에 대한 보고서를 써야 한다. 그런데 누군가가 이렇게 보고를 하여 실수를 한 당사자가 곤란해지면, 이후에 모종의 앙갚음이 일어나게 된다.

실수를 한 당사자는 '밀고자'를 곤경에 빠뜨리기 위해 그녀가 무슨 잘못을 하는지 유심히 관찰한다. 이렇게 되면 서로에게 적대적인 환경이 만들어지고, 직원 사이의 협동심과 동료애도 사라지게 된다. 모두가 늘 앞뒤를 살펴야 하는 상황이 되는 것이다.

팀을 이루는 핵심 요소는 서로 다른 사람의 욕구를 이해하고 모든 사람이 공동체에 기여할 수 있는 독특한 재능이 있다는 사실을 의식하는 것이다. 우리가 남의 이목 때문에 무엇인가를 할 때는 결과만을 두려워하게 되고, 하는 일이 짜증스러워진다.

한편 우리가 상대방의 욕구에 공감하여 어떤 행동을 할 때는 신뢰와 조화가 있는 환경을 만들게 된다. 그렇지만 판단은 서로의 소통을 막아서 상대방의 욕구도 이해할 수 없게 하고 기여도 할 수 없게 한다.

우리의 대화 습관이
어떻게 부정적인 간호 문화를 만드는가

같이 일하는 동료 간호사들 사이에서는 왜 자주 문제가 발생할까?

로리의 사례에서 우리는 간호사 사이에서 문제를 일으키는 여러 가지 역학관계를 살펴보았다. 투약 실수를 둘러싸고 로리와 수간호사와의 관계에서 일어난 일련의 반응에서 서로가 공감으로 대하며 배워나갔더라면 조직 전체가 더 나은 방향으로 나아갈 수 있었을 것이다. 하지만 이 상황에서 비난하고 판단하는 습관이 상황을 더 악화시킬 수 있다는 것을 분명하게 보여주었다.

조직 안에서 일하는 사람 사이의 신뢰와 그 사람이 무엇이 가능한지 느끼는 감각에, 조직의 성격이 어떻게 영향을 미치고 유지하게 하는지 간호사 세계를 예로 들어 좀 더 깊이 들여다보자. 이런 선입견이 맞는지 틀리는지는 모르지만, 간호사는 서로 잘 협조하지 않을 뿐더러 종종 남을 판단하며, 중상모략을 하기도 한다고 알려져 있다. 그들의 습관적인 소통방식 때문에 간호사는 끼지 못하는 것이다. 서로 단절이 되어 불협화음이 나고 때로는 따돌리는 경우도 있다. 간호사는 모두 조화롭고 편안하게 일하고 싶어 한다. 그런데 간호사가 일하는 구조를 살펴보면 왜 그들이 부정적인 직장문화를 만들어가는지 알게 된다.

간호사는 근무하는 내내 보통 수준을 넘는 스트레스를 받으며 일을 한다. 아픈 사람과 일하는 것은 감정적으로 아주 힘든 일이다. 병원에 있는 환자는 대개 위기 상황에 놓여 있고, 이는 환자 가족과 주변 사람, 그리고 사회 시스템에 스트레스를 준다.

환자는 종종 자신의 고통을 적대적인 방식으로 표현한다. 환자 가족 역시 공감으로 대하기 어려운 방식으로 의료진에게 자신의 고통을 표현한다. 가족체계 안에서 특정한 구성원을 정신적인 이상자로 대할 때는 간호사도 상당히 곤란한 상황에 처하게 된다. 특정한 식구에게 정신적으로 병들었다는 꼬리표를 붙이고 가족은 손을 놓아버리는 것이다. 자신들 안의 병리적 부분을 보려 하거나 가족 구성원을 병들게 만든 가족 안의 역학관계를 이해할 필요성을 느끼지 못하는 것이다. 왜냐하면 해당 가족은 환자가 아픈 이유가 환자 몸 안의 화학물질이 불균형을 이루었기 때문이라고 믿기 때문이다. 그래서 간호사가 환자와 교류하려고 하면 싫어하거나 간호사가 하려는 것을 이해하려 하지 않으면서 종종 뭔가 잘못하고 있다고 판단해버리기도 한다. 그리고 그 간호사가 자기 가족을 간호하지 못하도록 해고해버리기도 한다.

환자에게 꼬리표를 붙이는 시스템이 의료계에 굳게 자리 잡고 있는데, 이는 옳고 그르다는 식으로만 생각하고 판단하는 가족의 사고 패턴을 강화시켜주고 있다. 그래서 자신의 사고방식과 소통하는 방법에 의문을 갖고 돌아볼 동기를 전혀 느끼지 못한다. 이러한 상황에서는 환자가 건강을 회복하는 데 절대적으로 필요한 가족원 안에서 힐링 작업을 할 기회를 잃게 된다.

조직 자체의 문제 역시 자주 스트레스를 일으킨다. 잦은 일손 부족과 앞서 언급한 소통관계 속에서 긍정적인 태도를 유지하기란 매우 어렵다. 많은 간호사는 지쳐서 에너지가 완전히 소진된 이후까지도 의료 현장에 머무른다. 그들은 자신이 존경받지 못하는 시스템 안에서 남을 돌보는 역할을 하려고 애쓰고 있지만 정서적으로는 지쳐 있다. 그들은 다른 사람의 욕구를 돌보느라 정작 자신의 욕구는 포기한 채 '좋은' 간호사 역할을 하는 데 지쳐 있고, 이러한 과정을 겪으면서 자기 자신을 잃어버렸다.

이 같은 원인에서 비롯되는 복합적인 스트레스는 인간관계 안에서 쉽게 문제를 일으킨다. 보통 자신이 스트레스를 받을 때 다른 이에게 함부로 말하는 경향이 있다. 고통의 원인을 자신의 바깥에서 찾으려고 할 때 자신보다 지위가 낮은 누군가를 찾아서 판단과 비판을 한다. 자신의 느낌에 책임을 지고, 욕구를 직접 이야기하는 대신(앞서 보았듯이 지배체제에서는 계발되지 않은 습관) 사람들은 쉽게 희생양을 만든다.

동료를 진단하고 꼬리표 붙이기: 부조화를 이루는 비결

환자를 판단하고 꼬리표를 붙이는 습관이 동료와 인간관계에까지도 나타나며 영향을 주고 있다. 그들 사이에서도 서로 꼬리표를 붙이고 판단을 내리는 방식은 팀 내의 모든 구성원에게 고루 적용된다. 이러한 문화 속에서는 좋거나 나쁘거나 옳거나 그르거나 정상이거나 비정상이거나 유능하거나 무능하거나 제정신이거나 돌았거나와 같이 지나치게 단순한 기준으로 동료를 분류하고 판단해 버린다.

예를 들어보자. 나는 정신병동에서 처음 일을 시작했을 때 꼬리표 붙이기, 진단, 판단 같은 말이 굉장히 신경쓰였다. 그런데 다른 직원들은 그런 방식으로 이야기하는 것이 너무도 익숙해 보였다. 그렇게 하는 것을 신성한 의무로 부추기는 조직이 그들 뒤에 있기 때문이다.

다른 사람을 판단하고 꼬리표를 붙이기 시작하면 이를 곧 모든 사람에게 적용하기 때문에 그들이 나를 판단하고 나에게도 꼬리표를 다는 것은 단지 시간문제라는 것을 알고 있었다.

간접적인 대화는 판단을 강화시킨다

의료계에는 일반적으로 간접적인 의사소통 방법이 널리 퍼져 있다. 이러한 역학관계에서는 흔히 말하는 '뒤통수 치기'가 일어나게 된다.

A가 B에 대해 불편함을 느낄 때, A는 B에게 직접 이야기하는 대신 다른 사람 C에게 B에 대한 불평을 한다. 불평을 들어주는 C는 B에 대해 알지 못하고, 또 이 상황에 어떻게 대처해야 할지 몰라서 대개는 같이 맞장구 쳐주며 뒷담화를 하게 된다.(다른 사람의 판단에 동의해줄 때 뒷담화가 된다.) 이제 한 사람이 아니라 두 사람이 판단을 하게 되는 것이다. 결국 문제는 해결되지 않고 분위기는 좋지 않은 느낌으로 바뀌어간다. 의외로 우리는 자신에 대해 판단을 내리고 있는 사람 주변에 있으면 뭔가 불편한 느낌을 가지게 된다.

상하관계는 꼬리표 붙이기를 더욱 강화한다

간호사 사회에서 상하관계는 효과적인 의사소통을 더욱 힘들게 하는 방해 요소이다. 계급제도에서는 지위의 차이가 있는데, 이 차이가 간호사 문화에 팽배해 있는 판단하는 패턴과 간접적인 소통을 너무 쉽게 정당화하는 데 쓰인다. 구조적 상하관계가 사람의 재능이나, 기술 혹은 사람으로서의 가치를 실제로 반영한다고 믿는다면, 제일 낮은 직급의 사람이 제일 높은 직급의 사람 못지않게 조직에 기여하고 있다는 사실을 인식할 수 없게 될 것이다.

예를 들어보자. 어느 날 저녁 담당 간호사가 나에게 말했다.

"우리는 똑같지 않아요. 나는 여기서 당신보다 오래 일했고, 당신보다 훨씬 더 많이 알아요."

이 담당 간호사는 시스템의 그물에 걸려버렸다. 그녀는 조직이 부여해준 직급을 이용하여 새로운 일을 배우기를 내키지 않아하는 자신의 태도를 정당화하고 있었다. 후배 간호사가 스스로 자신의 일을 잘 할 수 있게 도와주는 것이 아니라, 그들이 해야 할 결정까지 대신하면서 자기에게 의존하게 만들었다. 결국 후배 간호사의 의존성만 커졌다.

후배는 그녀에게 이를 솔직하게 말할 수 없었다. 자신의 지위를 이용해서 아랫사람을 질책하는 윗사람에게 자신의 진실한 마음을 표현한다는 것이 안전하게 느껴지지 않기 때문이다. 만약 이 담당 간호사가 자신의 내면에 있는 욕구가 무엇인지 인식했다면(아마도 인정과 감사가 아니었을까) 이를 좀 더 직접적으로 표현할 수 있을 것이다. 그러면 보다 긍정적인 역할 모델이 되어 보다 열린 대화를 병동에서 열어갈 수 있을 것이다.

꼬리표는 저조한 성과에 대한 변명으로 쓰인다

앞에서 자기암시의 역학관계에 대해 언급하면서, 상대방에게 꼬리표를 붙이는 것이 얼마나 그들의 일의 성과를 제한하는지에 대해 이야기하였다. 꼬리표 붙이기와 판단하기가 만연한 시스템 속에서 자신의 비생산적인 행동을 정당화하기 위해 이를 사용하기도 한다. 예를 들어보자.

나는 언젠가 참석한 회의에서 동료 직원이 이렇게 말하는 것을 들었다.

"나는 주의력결핍과잉행동장애(ADHD)가 있어요. 그래서 내가 회의 도중에 방해할 수도 있어요. 나도 어쩔 수 없어요."

그녀는 ADHD라는 꼬리표로서 자신을 인식했고, 그것을 자신에게나 다른 이들에게 도움이 되지 않는 방식으로 계속 행동하는 이유로 사용했다. 그녀는 함께 일하는 팀에 기여할 수 있는 능력이 있지만, ADHD라는 꼬리표를 받아들임으로써 그 능력을 떨어뜨리는 행동을 계속하기로 선택한 것이다. 이렇게 자신과 팀을 제한하는 꼬리표 붙이기는 판단하는 꼬리표를 '사실'로 받아들이는 시스템 안에서만 용인된다. 판단하는 꼬리표는 우리가 복잡한 경험을 조절하고 통제하려는 개인적인 노력에서 나온 이야기일 뿐이다.

간호사의 업무 환경에서 판단과 꼬리표 붙이기의 부정적인 영향은 매우 크다. 이러한 역학관계는 간호사 개개인은 물론 의료기관 내 다른 의료인의 정서적 건강에도 깊은 영향을 미친다.

내면에서 자신을 향해 하는 판단은 우울증을 초래한다

판단은 단순히 밖을 향한 것만이 아니다. 우리는 다른 이를 판단하는 것과 똑같이 우리 자신을 판단한다. 그래서 어떤 사람이 우리를 '가망 없는 신경증 환자'라고 부르면, 우리도 그 사람과 동조하면서 나는 무언가 잘못되었다는 생각에 붙잡혀버린다. 우리가 무언가 실수를 하면, 우리는 자신에게 '멍청이 또는 바보'이라고 꼬리표 붙인다. 이렇게 판단하는 말을 내면에서 자신에게 할 때 우울해지곤 한다. 이런 식의 말을 밖으로 다른 사람에게 하면 폭력적으로 된다.

우울은 우리의 욕구가 충족하지 못하고 있다고 알려주는 자명종이다. 느낌은 자동차의 계기판이 보여주는 신호와 같다. 그 신호는 지금의 문제, 믿음 체계, 사고방식 혹은 충족하지 못한 욕구를 꼭 집어서 가리켜주는 것이다. 자동차 계기판의 전선이 끊어져서 일어나는 문제를 무시하는 사람은 없을 것이다.

그러나 느낌을 다룰 때는 느낌을 문제로 보고 약물을 사용해 느끼지 못하게 하는 것이 일반적이다. 약물은 감정을 무디게 만들어 그 밑바탕에 있는 문제에 접근해서 치료하는 것을 막는다. 치유하기 위해서, 우리는 느껴야 한다.

우울증이나 다른 장애를 치료하기 위해서는 원치 않는 증상이나 행동을 유발하는 사고방식을 바꾸어야 한다. 나는 우울증에서 회복하는 과정 중에 삶의 방식을 바꾸었고, 어떻게 내 욕구를 충족할 수 있을까에 관심을 기울이기 시작했다.

나는 스스로를 우울증 상태로 붙들어두는 여러 가지 생각과 믿음을 알아차렸다. 나 역시 신체 화학물질의 평형이 깨져 있고, 그래서 우울한 것은 내가 어떻게 수 있는 것이 아니라고 생각하고 싶은 유혹이 있었다. 우울증은 나의 통제 밖에 있는 것이라고 생각해버리는 것이 위안이 되었을지도 모른다. 그러면 의사가 준 약을 먹었을 것이고 내가 아픈 사람이라는 잘못된 생각을 믿으면서 내 삶을 스스로 제한하면서 살았을 것이다.

나는 그 대신 NVC 프로세스를 배웠다. NVC는 내가 스스로의 믿음 체계로부터 연민의 패러다임으로 적응해나갈 수 있게 도와주었다. 나를 공감으로 받아주는 공동체 안에서 마음속 깊은 곳의 느낌을 표현하면서 내면의 작업을 했다. 나는 꾹 눌러놓았던 감정을 내놓을 수 있었고, 자신의 느낌과 경험을 판단하지 않으면서 받아들일 수 있게 되었다.

내가 가슴 아파하는 것을 다른 이에게 표현하기 위해서는 뼛속 깊이 새겨져 있는 가족의 가르침에서 벗어나야 했다.

"남에게 약점을 보이면 안 돼."

약점은 충족하지 못한 나의 욕구와 관련된 어떠한 진실이다. 우리가 충족하지 못한 욕구에 대해 이야기 하는 것이 허용되지 않는다면 그 욕구에 관해 공감을 받기란 불가능하다. 욕구가 충족되지 않았을 때 고통을 밖으로 꺼내놓지 않으면, 이 고통은 안으로 곪아 들어가서는 보다 덜 의식적인 방식(몸이 아프다거나 살인적인 충동을 느끼는 분노나 자신을 파괴하는 등)으로 나타난다.

나는 모든 것을 옳다, 그르다로 나누는 사고방식에 사로잡혀 있기 때문에 남에게 나의 고통을 표현하는 것이 어려웠다. 지저분한 옷가지를 남 앞에서 터는 것은 나쁜 일이기 때문에 나는 내 옷을 털 때마다 정말 수치스러웠고 괴로웠다. 내가 공감을 받으면서 얻은 치유와 위안이 없었다면, 나는 노력을 지속할 수가 없었을 것이다.

이를 보면 많은 사회문화적 믿음이 치유를 위해서 꼭 필요한 바로 그 일을 하지 못하게 막는다. 나는 우리가 쓰는 말(판단하고, 비난하고, 꼬리 붙이는)이 다른 이를 향한 폭력만이 아니라 자기 자신을 향한 폭력을 만들어낸다고 믿는다. 시중에 나와 있는 약 중에서 항우울제가 가장 잘 팔리는 약이라는 것은 결코 놀라운 일이 아니다.

욕구가 이기적이라는 신화

자신들에게 욕구가 있다고 인정하는 것을 이기적이라고 믿는 간호사도 있다. 어느 해인가 내가 호스피스 학술회의에서 강의를 할 때, 먼저 간호사 자신의 욕구를 중시하라는 제안을 하자 한 참석자는 매우 화를 냈다. 그녀는 어떻게 간호사가 죽어가는 사람의 욕구보다 자신의 욕구를 더 앞세울 수 있는지 이해할 수 없다고 했다.

이 말은 역설처럼 들릴 수 있지만, 만일에 간호사가 자신의 욕구를 먼저 돌볼 때 실제로 환자는 더욱 연민의 돌봄을 받을 수 있다. 그러나 간호사가 자신의 욕구를 돌보지 않으면 자신이 지쳐서 다른 이를 원망하기 시작하고, 화를 내게 되며, 우울함에 시달리게 된다. 그러나 간호사가 자신의 욕구를 먼저 돌보게 되면 다른 이를 돌볼 수 있는 에너지 역시 더욱 많아진다.

간호사가 호스피스 병동에서 일하는 기간은 평균 1년이다. 간호사가 이렇게 빨리 소진되는 것은 분명 자신의 욕구는 포기한 채 다른 이의 욕구를 돌보아야만 한다는 믿음과 직접 관련이 있을 것이다. 탈진해버린 많은 간호사는 슬퍼한다. 긍정적인 태도로 계속 환자를 간호하고 싶기 때문이다. 간호사가 자신의 욕구를 먼저 돌보면, 그들 자신의 자연스러운 연민을 더 자유롭게 표현할 수 있고, 다른 이를 돌보는 것도 더 즐길 수 있을 것이다.

지금까지 우리는 판단과 진단, 그리고 꼬리표를 붙이는 대화 패턴이 간호사 사이의 동료관계에 어떠한 부정적인 영향을 미치는지 또 의료인의 정신 건강을 어떻게 해치는지 살펴보았다. 이러한 모든 부정적인 영향은 우리가 가장 우려하는 것의 원인이 된다. 그것은 이러한 대화 패턴이 실제로 어떻게 환자의 건강을 약화시키고, 의료기관의 사명인 치유에 역행하는가이다.

진단과 꼬리표 붙이기가
어떻게 환자의 치유를 방해하는가?

진단의 문제점

진단은 질병을 치료하는 데 유용할 수 있다. 그러나 의료인이 이 사람을 그 무엇(내려진 진단)이라고 하는 생각에 너무 사로잡혀 있게 되면, 온전히 한 사람을 볼 수가 없어서 적절하고 효과적인 치료 방법을 생각해내는 것이 어려워지기도 한다.

진단은 실제로 잘 교육된 추측일 뿐이다. 진단은 어떤 증상에 붙이는 꼬리표일 뿐이다. 진단은 증상의 원인은 다루지 않을 뿐더러, 문제를 일으키는 여러 요소, 즉 정신적 · 육체적 그리고 정서적인 면을 다루지를 않는다.

마음과 몸 그리고 영혼 사이의 복잡한 연결 관계에 대해 더 알게 될수록, 이러한 전통적 진단의 한계는 더 명확해진다. 질병관리본부 (CDCCenter for Disease Control)조차도 85%의 질병에 정서적인 요소가 있다는 것을 인정하고 있다. 기존 방식보다 훨씬 폭넓게 의학에 접근하는 의사와 과학자는, 사람의 건강상태는 각 개인의 정신 상태와 각자의 삶에서 일어나는 상황에 대한 정서적인 반응과 100% 연관되어 있다고 주장한다. 병의 증상만을 다루고 내재되어 있는 정서적 원인을 무시하는 것은 임시방편적인 현재의 의학체계를 지속하게 한다.

병이 생겨나게 된 원인은 무시하고 증상을 치료하는 데에만 관심을 두는 증상-진단 방법은 종종 환자의 치유능력을 약화시킨다. 흔히 있는 예를 들어보자.

불안을 호소하는 어떤 사람이 범불안장애로 진단을 받았다고 가정해보자. 불안이라는 증상을 치료하기 위해 항불안제를 복용한다. 불안의 원인을 다루기보다는 더 많은 약으로 불안을 계속 누르게 된다. 불안에서 헤어나기 위해서 '외부'로부터 오는 다른 방법에 점점 더 의존하게 되고, 시간이 지나면서 불안의 근원을 찾아 치유할 수 있는 내면의 힘을 점점 잃거나 그 힘을 찾는 것을 포기하게 된다.

꼬리표 붙이기는 서로를 멀어지게 만든다

진단은 환자를 온전한 인간 존재에서 일련의 증상으로 단순화해 버린다. 남을 돌보는 사람이 꼬리표를 붙이고, 판단하고, 진단내리고, 분석하는 등의 말로 생각하도록 훈련받게 되면 그들은 자연적인 연민의 상태를 유지하기가 어려워지고, 다른 이를 비인간적인 방식으로 대하게 되기도 한다.

꼬리표 붙이기와 판단하기는 간호하는 사람이 자신의 본성으로부터 멀어지게 만들고, 간호하는 사람과 환자 사이도 멀어지게 한다. 꼬리표를 붙이는 행위는 심리적으로 '우리'와 '그들'이 서로 반대편이라고 생각하게 한다. 이러한 생각은 결코 '우리'한테 하고 싶지 않은 방식으로 '그들'을 대하게 만든다.

예를 들어보자. 환자는 일반적으로 진단명으로 불린다. "33호의 정신분열조현병 환자" 혹은 "552호의 당뇨병 환자" 같은 식이다. 이렇게 비인간적이면서 상대방에게 거리를 두는 언어는 복잡한 인간 존재를 하나의 케이스나 문제로 축소한다. 그리고 이 과정에서 우리는 스스로의 느낌과 욕구와도 단절이 된다.

다른 이를 관리하고 통제하기 위해 꼬리표를 붙이는 데 의지하는 이러한 비인간적인 과정은 단지 사람 사이에 거리를 생기게 하는 것 이상으로, 일종의 대상을 향한 폭력이다. 꼬리표를 붙이고, 판단하고, 진단하고, 분석하는 언어로 상대방과 대화하는 것은(비록 수동적인 것일지라도) 폭력이다. 왜냐하면 다른 이 안에 고통과 두려움을 일으키기 때문이다.

이러한 수동적인 폭력은 육체적 폭력보다 훨씬 해롭다. 왜냐하면 이런 식으로 비인간적인 대우를 받을 때 사람은 본능적으로 뒷걸음질 치게 되고 그 사람 안에 분노를 일으키기 때문이다. 그 분노가 밖으로 향하면 결국 물리적 폭력으로 표현되고, 안으로 향하면 궁극적으로 우울증으로 나타난다. 우리가 대화하는 방식이 분노와 폭력의 연료가 될 수도 있고, 평화와 조화를 만들어낼 수도 있는 것이다.

환자가 의료 시스템에서 부여받은 꼬리표와 진단을 그대로 받아들이면 어떤 일이 일어나는가?

불행히도 대부분의 사람은 의사의 진단에 극도로 취약하다. 지배 시스템은 사람을 권위 있는 인물에 복종케 하고 그의 뜻에 따르도록 사회화한다. 의사처럼 힘 있는 자리에 있는 누군가가 어떤 말을 하면, 쉽사리 믿어버린다.

다음의 예는 꼬리표 붙이기가 환자에게 끼치는 부정적인 영향을 잘 보여준다. 수Sue는 내가 정신과 병동에서 일하기 시작한 이후 몇 번 입원한 적이 있는 불구 여성 환자였다. 그녀는 대개 자살을 시도한 이후에 병원에 입원했다. 하루는 그녀가 아침 내내 소리를 지르고 있었다. 한 간호사가 무엇 때문에 소리를 지르고 있는지 물어보았다. 그녀는 이렇게 말했다. "나는 미쳤어요. 그러니까 이렇게 행동해도 괜찮다고요." 이 말을 듣고 그 간호사는 동료에게 말했다. "저 사람 병식이 있는데." 여기서 "병식"은 환자가 병동에서 내려준 진단과 꼬리표에 동의하고 믿는다는 의미이다.

한번은 수가 잠자리로 들려고 하는데, 간호사는 침대에 들기 전에 화장실을 다녀오라고 말했다. 그녀는 이렇게 대꾸했다. "나는 게으른 사람이에요. 그러니까 침대에서 오줌을 싸게 될 거라고." 그녀는 화장실 가는 것을 거부했고, 결국 침대에서 실수를 했다. 다른 이들이 수를 "게으르다"고 말해왔고, 결국 수는 그 꼬리표대로 되어버렸다.

어느 날 어떤 환자와 그의 미래 계획에 대해 함께 이야기를 나누고 있었다. 그 사람은 자신이 양극성 장애 때문에 남자친구와 헤어지기로 했다고 나에게 말했다. 나는 그녀에게 병원에서 나가면 무엇을 할 계획인지 물어보았다. 자신의 부모님 집을 청소하고 빨래를 할 것이라고 말했다. 나는 이 말을 듣고 가슴이 아팠다. '양극성 장애'라는 꼬리표로 자신을 정의해버린 것이 그녀 자신의 가능성과 삶에서의 선택을 극적으로 제한하고 있다는 것을 알 수 있었다. 환자 스스로 보모님을 돌보면서 머물기로 한 결정이 자신이 더 건강하게 살기보다는 오히려 건강한 삶을 방해하게 될 거라는 걸 알 수 있었다.

나는 우울증으로 고통받았던 내 경험을 떠올렸다. 우울해질 때는 우울증 때문에 점점 더 어떠한 일도 하지 않게 되었고, 그 결과 점점 더 우울해졌다. 내가 무엇을 잘못했는지에 집중할수록 점점 더 잘못하는 일만 생겼다. 그러나 나의 꿈, 그리고 내가 무엇을 원하는지 집중하기 시작하자 나는 그 방향으로 나아가기 시작했다.

꼬리표는 이렇게 강력하게 현실을 만들어내기 때문에 진실을 보지 못하게 하고 창의성과 치유 능력을 방해한다. 나오미 레멘Naomi Remen 박사는 《부엌 식탁에서의 지혜》라는 자신의 책에서 이렇게 말했다.

꼬리표를 붙이면 그에 따라 삶에서 일종의 기대치가 세워지고, 그 힘은 아주 강력해서 우리는 더 이상 사물을 있는 그대로 볼 수 없게 된다. 이러한 기대는 실상 처음이고 전례 없는 어떤 일에 우리가 거짓 친근함을 느끼게 하기도 한다. 사실 우리는 삶 그 자체를 사는 것이 아니라 우리의 기대와 관계를 맺으며 산다. 이는 우리가 병 자체 때문에 아프기보다는 우리가 병을 바라보는 방식대로 아플 수도 있다는 것을 암시한다. 신념은 우리를 옭아매거나 아니면 자유롭게 한다.[1]

나오미 레멘 박사는 의사가 붙여준 '크론씨 병'이라는 꼬리표와 그 병 때문에 아마도 생산적인 삶을 살 수 없을 것이라는 의사의 추측을 받아들였다고 한다. 그 결과 그녀는 자신을 의심하며 강연 일정을 취소하고 업무량을 줄여나가기 시작했다.

"전문가의 힘이라는 것은 대단히 강력하다. 전문가가 당신을 바라보는 관점은 쉽게 당신이 당신 자신을 바라보는 관점이 된다."[2]

진단하는 언어는 삶이 고정되지 않았다는 진실을 부정한다.

분석, 판단, 진단, 그리고 꼬리표를 붙이는 언어는 '정적인 언어 static language'이다. 이러한 언어는 파괴적이고 갈등을 초래한다. 삶은 고정된 것이 아니기 때문이다. 삶은 과정이다. 나오미 레멘 박사는 이를 아름답게 전달하고 있다.

> 병에 이름을 붙이는 것은 아주 제한적으로 쓸모가 있다. 이는 삶
> 을 포착하지도 심지어 삶을 정확히 반영하지도 못한다. 병이라
> 는 것은 한편으로는 삶처럼 하나의 과정이다. 그러나 진단과 치
> 료 개념의 상당 부분은 고치려 하는 것으로, 문제를 고치고 바
> 로잡는 것에만 좁은 시야로 집중하다 보면 과정의 힘을 무시하
> 고 놓치게 된다.3)

정확하면서도 서로를 낮게 하는 방식으로 의사소통을 하려면,
NVC 같은 '과정의 언어process language'가 필요하다. 과정의 언어는
사람들이 늘 성장하고 변화하고 있다는 것을 이해한다.

정신과에서는 진단과 꼬리표를 변경할 수 없는 최종 낙인처럼 표
현한다. 내가 우울증으로 진단을 받았을 때 정신과 의사는 이렇게
말했다. "당신은 이제부터 평생 동안 약을 먹어야 합니다." 권위를
가진 자리에 있는 사람이 이렇게 단정적으로 말을 하면, 듣는 사람
은 누구라도 유감스럽게 생각을 해야만 할 것이다.

우울증을 일으키는 요인은 무수히 많다. 그러나 정신과 의사는 오
직 증상과 기존의 의료 방법에만 관심을 갖고 있었다. 물론 그 정신
과 의사는 나를 도우려고 노력했지만, 그는 우울증이 자살에 이르게

할 수 있는 육체적인 질병이라는 믿음 체계를 바탕으로 행동했다. 그가 가진 정보는 가장 최신 연구를 기반으로 한 것이었다.

그의 노력이 감사하기는 했지만, 나는 과거에 수은 같은 물질을 특정 질병을 치료하기 위해 사용하기도 했다는 사실을 떠올리지 않을 수 없었다. 그 시절에는 사람들이 수은을 치료제로 받아들였다. 그러나 이제는 수은에 독성이 있다는 것을 알기 때문에 처방은 생각도 못 할 것이다.

지식과 과학적 연구는 늘 변하기 때문에 나는 차라리 내 안에 존재하고 있는 지혜를 믿고 싶었다. 나는 사람의 몸과 마음은 자기 자신을 스스로 치유할 수 있는 능력을 가지고 있다고 믿는다. 적절한 정서적 지원과 돌봄을 받으면서 충분한 영양분을 섭취한다면 대부분의 병은 저절로 회복될 수 있다. 우리 자신을 치유하는 것은 병에 꼭 맞는 약이라기보다는 인식의 전환과 그에 따른 행동일 것이다.

사람의 감정은 실제로 매초마다 바뀐다. 이러한 느낌의 움직임을 이야기하기 시작하려면 지금까지 우리가 배운 생각하고 말하는 방식을 바꿀 필요가 있다. 나오미 레멘 박사는 의학에 고정적static으로 접근하는 방식과 과정process으로 접근하는 방식의 차이를 이렇게 말했다.

"인간 안에 있는 생명력을 잘 보게 되면 의학은 목수일보다는 정원 돌보기에 가까워진다. 나는 장미나무를 고칠 수 있는 것이 아니다. 장미는 살아 움직이는 과정 그 자체이다. 나는 이 과정의 학생으로서 가지를 치고, 양분을 준다. 설사 병이 있는 상황이라도 장미 안에 있는 생명의 힘이 가장 멋진 방식으로 꽃피우는 데 도움이 되는 방법으로 협조하는 것을 배우는 것이다."[4]

간호사의 습관적인 대화 패턴은 환자를 돌보는 데 부정적인 영향을 미친다

간호사가 환자를 돌볼 때 손발이 맞아 조화롭게 일을 하지 않으면 환자가 피해를 입게 된다. 잔뜩 스트레스를 받은 직원이 조급하고, 퉁명스럽고, 심지어는 공격적인 방식으로 환자를 대하면 환자는 좋지 않은 영향을 받게 된다. 시스템 안의 인간관계가 건강하지 않은 반응을 계속 만들어낼 때 환자의 생명이 위험해질 수도 있다.

예를 들어보자. 어느 해에 마셜 로젠버그 박사는 수술실에서 매우 중요한 절차를 이행하는 것을 잊어버리는 간호사들을 도와달라는 요청을 받았다. 수간호사는 이 절차는 선택의 여지 없이 반드시 해야 한다고 몇 번이나 강조했다. 로젠버그 박사가 간호사들에게 왜 절차를 따르지 않았는지 물어보자 처음에는 이렇게 대답했다. "잊어버렸어요."

좀 더 깊이 원인을 찾아보았을 때, 간호사들은 수간호사에게 상당한 분노를 느끼고 있다는 것을 인정했다. 수간호사가 독선적인 방식으로 지시를 하는 것에 화가 나 있었다. 간호사들이 그녀의 강요를 들었을 때 머릿속과 마음속에서 갈등이 일어나는 것을 경험했고, 이는 수간호사가 시킨 것을 '잊어버리게' 만들었다. 수간호사가 다른 간호사의 감정적인 면을 존중하면서 부탁하는 방법을 배우자 '잊어버리는' 사건은 사라졌다.

간호사는 환자의 정서적인 욕구를 충족하는 대화 기술이 필요하다

대부분의 간호사는 다른 사람을 도와주고 싶어 한다. 그러나 그들이 사용하는 소통방식은 환자의 정서적 욕구를 충족할 수 없게 만든다. 환자가 특정한 방식으로 행동할 때 그 이유가 무엇인지 이해하고, 현재의 느낌과 욕구를 파악하면서 환자에게 말을 건네는 대신, 간호사는 습관적인 소통방식으로 조언을 한다. 이는 간호사를 불안한 위치에 놓는다. 만약 환자가 간호사의 조언을 따랐는데 나쁜 결과가 나오면, 그 간호사는 비난받게 된다.

환자에게 조언을 한다는 것은 환자 스스로 답을 찾을 수 있는 능력을 가볍게 본다는 뜻이기도 하다. 이는 환자의 무력감을 지속하게 하고, 때로 방어적인 반응을 부르기도 한다. 조언은 대화를 막는다. 이는 문제의 근원을 찾기 전에 해결부터 하려는 것이다.

의료인은 환자는 고치는 것이 필요하다는 가정을 하기 때문에 무슨 욕구가 안에 있는지는 확인해보지도 않는다. 바로 이 생각이 환자와의 대화를 가로막고, 우리가 진정한 그림을 보지 못하게 방해한다.

환자의 숨은 욕구를 잘 살펴 확인함으로써 돈을 아낄 수도 있고, 생명을 살릴 수도 있다. 그 절차는 환자가 자신의 욕구가 무엇인지, 왜 도움을 청하고 있는지 항상 명확하게 알지 못한다는 것에서 시작한다.

수년 전, 나는 부정맥 증상이 있어서 의사를 만나러 갔다. 그때 나는 연인과 막 헤어져서 상당히 고통스러웠고, 부정맥이 심리적 고통의 표현이라는 것을 알고 있었다. 물론 의사도 내가 심리적으로 힘들어 하고 있다는 것을 알고 있었다.

그러나 의사는 내게 공감해주는 대신 심장약 처방전을 주었다. 의사는 나의 내면에 있는 욕구보다는 부정맥을 진단하고, 그 병에 대한 표준적 치료를 하는 것에 더 집중하고 있었다. 진료실에서 나오면서 내가 진정으로 원하는 것은 나의 심리적 고통에 대해 공감받는 것이라는 사실을 깨달았다. 나는 처방받은 약을 먹지 않았다. 그리고 내게 공감을 해줄 수 있는 친구들로부터 도움을 받았고, 부정맥은 사라졌다. 상대방의 내면에 있는 욕구를 명확히 이해하지 못한 채로는 우리의 의도가 최선의 것이라 하더라도 도움보다는 해가 될 수도 있는 것이다.

기본으로 돌아가서: 느낌 그리고 욕구

지금까지 우리는 판단이 얼마나 사람과 사람 사이에 거리를 만드는지, 또 얼마나 타인에게 비인간적인 방식으로 행동하게 만드는지 살펴보았다. 그리고 판단이 꼬리표 같은 것으로 굳어지면 우리를 얼마나 잘못된 현실 속에 가두는지, 얼마나 우리의 능력을 훼손하고, 배움과 성장을 방해하는지, 심지어 미래나 우리 자신의 가능성의 폭을 얼마나 좁히는지도 살펴보았다.

판단과 꼬리표 붙이기의 부정적 결과를 보면, 우리가 무엇 때문에 현재의 대화 패턴에 이렇게도 매여 있는지 궁금해질 것이다. 우리는 왜 계속해서 이처럼 해로운 방식으로 우리 자신을 표현하고 있을까? 이는 우리가 우리 자신의 진정한 느낌과 욕구에 책임을 지고 이를 직접 표현하는 것이 어렵다고 배워왔기 때문이다. 느낌과 욕구 같은 핵심적인 각 개인의 진실이 지배체제 속에서는 너무나 억눌려 있기 때문이다.

우리는 왜 판단하는 습관을 계속 가지고 있을까?

타인이 내 느낌의 원인이 될 수 없다는 것을 이해하기 전까지는 아무도 자신의 현실 인식을 바로잡을 수 없다. 자신의 느낌에 책임을 질 때 비로소 우리는 판단과 비난을 멈출 수 있고, 삶에 도움이 되는 방식으로 대화하기 시작할 수 있다.

타인은 느낌이 일어나는 자극이 될 수는 있지만, 우리 느낌의 근원은 욕구에 있다. 우리의 느낌에 스스로 책임을 지면서 원하는 것을 부탁하는 대신 판단하는 것에 매달리다 보면, 우리 마음속에 타인에 대한 적대적 이미지가 생기게 되고 그로 인해 혼란과 갈등이 일어나게 된다.

마셜 로젠버그 박사는 "타인에게 꼬리표를 붙이거나 분석을 하거나 판단하는 것은 모두 충족하지 못한 욕구의 비극적 표현"이라고 말했다.[5] 이것이 비극적인 이유는 사람들이 욕구를 이렇게 간접적으로 표현하면 듣는 이는 방어적으로 반응하게 되고, 실제로 욕구를 충족할 가능성은 더 낮아지기 때문이다.

직원에게 이렇게 말하는 상관을 돕고 싶은 사람이 누가 있을까?

"당신은 너무 이기적이야. 모두들 자기 일밖에 모르고 다른 사람은 서로 상관도 하지 않잖아."

상관이 이런 언어로 이야기를 하면, 주위 사람은 두려움과 수치심, 죄책감 혹은 의무감으로 반응하게 된다. 상관에 대한 호의는 줄어들고 원한이 커진다. 그러나 이 상관이 실제로 말하고 있는 것은 무엇일까? 이 사람이 자신의 충족하지 못한 어떤 욕구를 이렇게 비난으로 표현하고 있는 것일까? 실제로는 이런 말을 하고 있는 것은 아닐까.

"나는 지금 정말 속상하고, 도움이 필요해요." 혹은 "나는 지원과 이해가 필요한데 그런 것을 못받게 될까봐 두려워요."

많은 사람이 의식하지 못하는 것은 자신이 다른 이를 어떻다고 판단을 하거나 꼬리표를 달 때, 그것은 판단을 받고 있는 상대방에 관한 것이 아니라 자기 자신에 대한 정보를 드러내고 있다는 것이다. 이 상관이 자기 직원을 '이기적'이라고 부를 때, 그가 묘사하는 것은 직원의 진실이 아니다.(앞에서 본 것처럼 자기암시로 충만한 역학관계 속에서는 이것이 진실이 '되어버릴 수도' 있지만)

모든 사람은 다른 사람을 보는 자신만의 관점이 있다. 어떤 한 사람이 '이기적'이라고 판단한 사람을 다른 사람은 '자발적' 이거나 '스스로 방향을 결정하는' 사람이라고 판단할 수도 있다. 상관이 동료 직원에게 '이기적'이라는 꼬리표를 붙이면서 표현하는 상황의 진짜 진실은 동료가 한 어떤 행동으로 자극을 받은 자신의 고통이다.

꼬리표를 붙이고 이에 반응하는 쳇바퀴는 상관과 직원 모두를 왜곡된 현실에 빠지게 한다. 모두가 온 에너지를 '이기적'이라는 꼬리표에 반응하는 데 쓰는 동안 그들은 점점 더 핵심적 사안 – 상관의 느낌과 욕구 – 에서 멀어져버린다.

우리가 관심을 밖으로만 집중하는 경향은 자신의 느낌과 욕구에 대해 책임을 딴 데로 돌리는 데에서 온다. 예를 들어보자. 내가 동료인 조지에게 어떤 작업 순서에 대해 설명하는 동안 조지가 내 설명을 이해하지 못하는 것을 보고는 안으로 판단해서 "조지는 멍청해!"

라는 꼬리표를 만들어낸다.

다음날, 동료 에이미가 새 컴퓨터 시스템을 나에게 설명해주는데 내가 이해하지 못하고 있다. 그러면 나는 판단해버리는 습관으로 돌아가서 "에이미의 소통기술은 형편없어"라고 속으로 말한다. 나는 자신의 판단을 밖으로 투사하면서 의사소통도 못하는 멍청이들로 둘러싸여 사는 경험을 스스로에게 만들어낸 것이다.

그러나 내가 느낌과 욕구에 대한 책임감을 받아들였다면 어떻게 되었을까? 조지와의 관계에서 "당신이 이해할 수 있는 방식으로 내가 설명하고 있는 것 같지 않아서 좌절스러워요. 어떻게 하는 것이 도움이 될까요?"라고 말하면서 서로 협력할 수 있었다면 어떻게 되었을까?

에이미와의 관계에서 이렇게 말할 수 있었다면 어땠을까? "에이미, 한꺼번에 이 많은 새로운 정보를 들으니 부담스럽고, 오늘 다 익히지 못할까봐 조금 두려워요. 조금만 천천히 해줄 수 있을까요? 오늘 배운 것을 내가 혼자 돌아보고 혹시 질문이 있으면 내일 한 번 더 시간을 낼 수 있을까요?" 상황은 갑자기 바뀔 것이다. 대화할 줄 모르는 멍청한 사람 사이에 둘러싸인 상황에서, 내 욕구를 충족해줄 수 있는 사람과 협력하는 상황으로.

꼬리표를 붙이고 남을 판단하는, 밖을 향한 초점을 느낌과 욕구를 기반으로 하는 내면으로 향하도록 바꾼다면 의료 시스템 전체를 혁

명적으로 바꿀 수 있다. 의료인이 판단, 꼬리표 붙이기, 분석의 형태로 자신의 느낌을 타인에게 투사하는 대신 이에 책임을 진다면, 병원 환경은 서로를 지지하며 일하는 곳이 될 것이고, 직원의 효율성은 높아질 것이다.

연민compassion은 안에서 시작된다

NVC에서 핵심 통찰은, 자신을 보다 연민으로 대할수록 다른 이에게도 더욱 연민을 가질 수 있는 것이다. 자신을 판단하고 비판하면, 십중팔구 다른 이도 판단하고 비판하게 된다. 안에 있는 것이 밖으로 드러나는 것이다.

갓 졸업한 간호사 한 명이 정신과 병동에서 오리엔테이션을 받고 있던 중에 내게 고민을 털어놓은 적이 있다. 그녀는 병동에서 자신이 훈련을 받고 있는 방식뿐만 아니라 환자를 돌보아야 하는 방식 때문에 힘들어했다. 힘으로 남을 지배하거나 통제하는 방법은 그녀 자신의 내면 가치와 맞지 않는다고 말했다. 그녀는 물었다. "이런 환경에서 일하면서 어떻게 인간성을 유지할 수 있어요?"

환자와 직원 모두가 지지받지 못하는 환경에서 간호사는 과연 어떻게 인간성을 유지하면서 일할 수 있을까? 판단과 꼬리표 붙이기로 소통하는 시스템 한가운데에서 어떻게 열린 마음을 유지할 수 있을까? 이러한 시스템 안에서 고군분투하다 보면, 마음의 문을 닫고 자신을 보호하게 되는 것이 자연스러운 반응이 된다. 이렇게 되면 마음속의 연민과 멀어지게 되고, 다른 이를 돕는 대신 자신을 보호하는 데 에너지를 소모하게 된다.

또 다른 방법이 있다. 다른 사람을 이해할 수 있고, 직원과 환자 모두를 더 잘 돌보는 데 도움이 되는 새로운 의사소통 방법을 배우는 것이다. 판단의 말이 말하는 사람의 느낌과 욕구의 표현이라는 것을 이해하면, 우리는 그런 말을 개인적으로 듣지 않을 수 있게 된다.

만약 간호사가 일어나는 일이나 말을 개인적으로 받아들이지 않는 방법을 배운다면, 간호사가 경영진의 지지를 받는다면, 서로 지지하고 지지를 받는다면, 그들의 일은 훨씬 더 쉬워질 것이다. 간호사가 서로 공감을 해주고, 또 환자를 공감으로 대할 수 있다면, 병원은 환자에게, 그리고 직원에게도 치유의 환경이 될 것이다.

지배체제에서 오는 불편함을 말하고, 자신의 진심을 표현할 때 우리는 우리가 일하는 조직의 발전에 기여할 수 있다.

5장 '지배하기'에서 '협력하기'로

: 정신과 병동에서의 사례

지배적 관례가 어떻게 의료기관과 의료인으로서 여러분의 삶에, 그리고 환자의 건강에 부정적인 영향을 미치는가를 알아보고 이해하려 할 때, 정신의료 현장에서 재미있는 사례를 많이 볼 수 있다. 정신과 병동의 분위기는 특히 지배적 역학관계가 크게 작용하는 곳이다. 왜냐하면 정신과가 단순히 몸만이 아니라 환자의 행동도 치료하는 곳이라는 사실이 그 원인 중 하나일 것이다.

이 장에서는 전통적인 정신과 병동 모델이 어떻게 폭력을 유지하고, 환자와 그들의 회복을 도우려는 사람 모두에게 안전하지 않은 환경을 만들어내는지 보게 될 것이다. 그리고 점점 더 많은 병원이 통제와 처벌의 한계를 깨달을 때, NVC 모델이 정신 질병을 치유하는 데 어떻게 보다 안전하고 인간적인 환경을 만들 수 있는지 살펴볼 것이다.

통제와 처벌은 안전이 아닌 위험을 초래한다

여러 세대 동안 정신과 병동은 통제와 지배, 상과 벌 같은 방법에 크게 의존해왔다. 정신과 환자는 구속과 포상, 그리고 (폭력적인 처벌을 포함한) 처벌 등의 시스템을 통해 '통제 아래' 있어야 안전해진다고 생각해왔다. 이러한 전통적 방식에서는 정신과 환자를 다루기 힘든 '반항적인 아이'로 보았고, 이 아이가 조금이라도 나아지기 위해서는 무엇이 잘못되었는지 진단해준 의학 전문가 '어른'의 통제에 복종해야 하고, 이 아이가 그것을 받아들여야만 병이 낫는다고 보았다.

지배를 바탕으로 하는 어른 – 아이 관계는 정신의학 곳곳에 스며들어 있는 꼬리표 붙이기를 통해 더욱 강화된다. 다른 어떤 의학 분야도 정신과만큼 진단과 꼬리표 붙이기가 강력하게 이루어지고 있는 곳이 없다.

실제로 환자를 진단 분류에 따라 축I특성 혹은 축II특성 등으로 정확하게 나누어 이름 붙이는 것을 정신과 의사의 핵심 능력으로 여기고 있다. 이렇게 꼬리표를 다는 시스템은 환자에 대해 선입견을 갖게 만들고, 전통적인 정신과 병동 시스템을 만든다. 그리고 이는 의료진이 환자를 치료하고 돌볼 수 있는 범위를 정의하고 그 가능성에 한계를 지어놓는다.

문제는 통제하고 꼬리표를 붙이는 방법이 효과가 없다는 것이다. 통계에 의하면, 정신과 병동의 직원이 경찰관보다 더 자주 공격을 받고 있다고 한다. 그리고 직원과 환자 모두 환자가 받는 비인간적 대우에 대해 우려를 나타냈다.

실제로 병원은 병원을 인가하는 JACHO라는 위원회의 압력을 받는다. 특히 환자를 통제하기 위해 구속이나 격리를 시키는 것은 점점 더 세밀한 조사 대상이 되고 있다. 불행히도 병원은 먼저 움직이기보다는 뒤늦게 반응하는 경향이 있다. 감금당하던 환자가 죽는 등의 사고가 일어나지 않으면 병원장은 좀처럼 그들의 운영방식에 변화를 가져오는 혁신적인 개혁을 시도하려 하지 않는다.

병원은 NVC를 도입하여 말로 갈등이 생기는 것을 막고, 직원이 환자와 연민으로 연결하도록 격려하는 곳으로 신뢰를 받는 환경을 유지해나갈 수 있다. 적대감과 폭력 대신 서로 협력하도록 격려하고, 다른 이에게 꼬리표를 붙이기보다는 공감으로 대하면서 다른 방식으로 말하도록 하면 보다 인간적인 근무 환경을 만들 수 있다. 이는 의료기관의 점점 진화해가는 철학과도 더 잘 어울린다.

정신병에 대한 생각 바꾸기

정신과 병동에서 사용하고 있는 지배 모델의 결함에 대해 보다 깊이 이해하면 할수록, 또 비폭력적인 파트너 모델을 받아들이기 시작할수록 이제까지 우리가 정신병 치료의 여러 가지 다른 가능성에 대해 얼마나 무지했는지 알 수 있다.

정신의료기관은 정신건강에 대한 서양인의 믿음을 그대로 반영하고 있다. 서양인은 정신병이 자율적인 한 개체 안에 있고, 이는 개개인의 신체 생리에 따른 결과라고 믿는다. 그러나 이것이 정신병에 대해 생각할 수 있는 유일한 방식은 아니다.

사실 정신병을 치료하는 방법은 많이 있다. 어떤 문화권에서는 '정신적으로 병이 든' 아이를 원래 가족으로부터 떼어서 다른 가족과 지내게 방법으로 치료하기도 한다. 그런데 그 아이는 증상이 좋아져서 원래 가족으로 돌아가면 다시 악화되는 경향이 있다. 이는 다음과 같은 근본적인 질문을 하게 만든다.

이른바 '정신병'은 정말로 (제약 산업에서 주장하듯이) 신체 생리적인 것인가? 아니면 부자연스럽거나 건강하지 않은 상황을 대처하기 위해 배운 자기 보호 메커니즘인가? 이 질문에 대한 대답은 우리의 기본적인 믿음 체계를 반영하고, 또한 우울증이나 조현병, ADHD 등을 치료하는 방식에 영향을 미치고, 또 환자를 치료하는 정신의료기관을 어떻게 조직할 것인지에도 영향을 미친다.

정신병이 신체 생리적 질환이고, 개개인에게 뭔가 문제가 생긴 것이라고 믿는다면, 지금과 같은 의료 시스템을 만들게 된다. 만약 '정신병'이 시스템에 의한 문제라고 생각한다면, 병리학적 해석에 집중하기보다는 치유에 집중하는 의료 시스템을 만들게 될 것이다.

조직의 구조를 바꾸면 결과도 달라진다. 요즈음 우리는 '공공시설에 수용한' 환자를 많이 볼 수 있다. 병리학적 해석을 강조하고, 환자를 통제하기 위해 억압하는 방법을 쓰는 시스템 속에서 자신의 욕구를 충족하는 방법을 배우게 된다. 정신병을 신체 생리적 질환으로 분류하는, 그 밑바탕에 있는 사고방식을 바꾸면 치료하는 방법도 바뀔 것이고, 치료 결과도 눈에 띄게 나아질 것이다.

'보호를 위해' vs. '처벌을 위해' 사용하는 힘

정신과 병동의 폭력과 통제에 대해 더 살펴보기 전에, 처벌을 위해 힘을 사용하는 것과 환자 보호를 위해 힘을 사용하는 것의 차이를 한번 알아보자. 때때로 환자가 자신이나 타인을 해치는 것을 방지하기 위해 힘을 사용하는 것은 필요한 일이다. 이것은 보호를 위해 힘을 사용하는 것이다. 이와 반대로 처벌을 위해 힘을 사용하는 것은 환자가 직원의 요구에 따르지 않을 때 벌을 주기 위해 힘을 사용하는 것이다. 이런 식으로 직원이 힘을 사용하는 것은 협력을 이끌어내는 방법으로 환자와 연결할 줄을 모른다는 것을 보여준다.

최근에 내가 일하는 병동에서 보호를 위해 힘을 사용한 사건이 있었다. 어느 날 저녁, 23살의 여성 환자가 플라스틱 포크로 흉기를 만들었다. 그녀는 이 흉기로 자신의 팔과 복부를 찔렀고 그로 인해 방안이 피로 뒤덮였다. 그리고 흉기를 빼앗으려고 하는 사람은 누구나 공격했다. 그녀를 붙잡아 억제하는 데 여섯 사람이 필요했다.

이렇게 극적인 사건이 일어날 때는 NVC의 관점에서 환자의 의도를 자세히 검토해보는 것이 유용하다. NVC는 사람의 행동이나 대화 방식이 자신의 욕구를 충족하기 위한 것이라는 이해에서 시작된다. 아마도 그 환자는 다음과 같은 욕구를 충족하려고 했을 것이다.

1. 감정적인 고통의 완화(몸을 찌르면 엔돌핀이 분비된다.)
2. 관심 받기(그녀는 많은 관심을 받았다.)
3. 힘/능력(적어도 잠시 동안은 그녀가 상황을 통제했다.)
4. 안전(억제당하는 것으로 환자는 안전하다고 느낀다.)

자해하는 것으로 표현하던 그 환자의 욕구를 인식하고 존중하게 되면, 그 욕구를 충족할 수 있는 다른 대안을 생각해볼 수 있다. 반면 행동만을 비난하거나 그 밑에 숨어 있는 욕구를 무시해버리는 한 더 여러 가지 형태로 나올 자해 행동을 진정으로 막을 수 있는 방법은 없다.

만약 병동에서 그녀의 욕구에 조금만 더 일찍 귀를 기울여주었다면, 병동이 '지배하는power over' 관계가 아닌 '협력하는power with' 관계로 이루어진 분위기였다면, 나는 이 젊은 여성이 자신을 찌르는 식으로 욕구를 표현하는 방법을 택하지 않았을 거라고 생각한다.

지배하기 위해 힘을 쓰게 된 역사

정신과에서는 전통적으로 약물 치료를 강조한다. 환자와 의사의 관계는 사무적이고, 그 안에서 의사나 치료사의 인간적인 부분은 눈에 잘 띄지 않는다. 이러한 방식은 인간적이거나 혹은 자아초월적인 방식으로 치유에 접근하는 것과는 근본적인 차이가 있다.

철학자 마르틴 부버Martin Buber는 환자와 치료자 사이에서는 치유가 일어날 수 없다고 단언한다. 치유는 오직 서로에게 가슴이 열린 동등한 사람 사이에서만 일어날 수 있다고 설명한다. 그는 이것을

"나-너 관계I-Thou relationship"라고 부른다. 나-너 관계는 상호성, 열린 마음, 솔직함, 그리고 현존이 있는 곳에서 일어난다.[1]

상호적이면서 열려 있는 인간관계에 치료 가치가 있다고 보는 부버의 통찰력은 기존의 정신과 병동에서 이루어지고 있는 인간관계 방식과는 거리가 멀다. 기존 환경에서 환자는 '좋은 결과'를 얻으려면 자신을 지배하는 것이 주된 임무인 직원에게 기꺼이 복종해야 한다는 것을 재빨리 알아차린다. 만약 환자가 직원이 시키는 일을 자발적으로 하지 않으면, 직원은 강제로 그 일을 할 것이다.

예를 들어 어떤 환자가 약 먹기를 거부하면, 직원 여러 명이 그를 붙들고 약을 주사할 것이다. 방으로 가라고 하는데 거부하면 경호직원을 불러서 강제로 방에 넣을 것이다. 이렇게 억압하는 방법은 강력한 약물과 함께 환자가 '돌출 행동'을 하지 못하도록 억누르는 데에는 효과적이다. 일단 충분히 억눌러지면 그는 행동이 잘 조절되고 있다고 간주되어 다른 병동으로 옮겨지거나 퇴원 조치된다.

그러면 그 다음에는 무슨 일이 일어나는가? 병원을 떠난 환자는 위기를 한두 번 넘기고는 병동으로 되돌아오기를 반복한다. 병원에 있는 동안 환자는 새로운 삶의 방식이나 자신의 깊은 욕구를 충족할 수 있는 방법을 배우지 못한다. 그래서 그들은 삶에서 맞닥뜨리는 어려움에 반응하는 방식을 바꾸지 못하고 끊임없이 곤경에 처한다. 약물과 억압은 특정 행동만을 억누르고, 그 행동 밑에 숨겨진 원인을 다루지 못하게 된다.

자신이 선택할 수 있는 경우에만 사람들은 바뀔 수 있다

환자가 자신의 의사와는 상관없이 병원에 감금되는 경우가 정신 병동 말고 또 어떤 곳에서 일어날 수 있을까? 이러한 폭력적인 행동 은 심리적 저항을 일으키기 때문에 치유를 방해한다. 누구나 성장 하고 치유하려면 스스로 선택할 수 있어야 한다. 어느 누구도 다른 이에게 어떤 일을 하라고 강요할 수 없다. 단지 하지 않았을 때 처 벌할 수 있을 뿐이다.

선택을 빼앗으면 무력감과 분노를 자아내게 된다. 자율권을 주는 게 아니라 의존성이 생겨난다. 처벌 역시 분노를 일으키고, 때로는 보복을 불러오기도 한다. 환자와 직원 모두에게 안전하지 않은 환경 이 만들어지는 것이다.

강제로 입원 시키는 구조를 바꾸기 위해서는, 사회가 자신과 다른 이를 위험에 빠뜨릴 수 있는 환자가 따뜻한 돌봄을 받을 수 있는 건 강하고 치유적인 대안 공간을 만드는 것이 필요하다. 나는 고통 받 는 사람이 찾아가서 건강한 음식과 연민 가득한 돌봄을 받고, 자신 을 돌보고 치유하는 방법에 대해 교육 받을 수 있는 작은 치유 센터를 마음에 그려본다.

병원은 직원에게 NVC를 가르치고, 다른 형태의 치유방식을 도입하여 교육하고 환자를 보다 더 잘 돌볼 수 있다. 내가 일하는 병원의 환자는 내가 NVC에 대해 이야기하면 매우 관심을 보인다. NVC가 환자를 위한 보편적인 프로그램으로 자리 잡으면 환자가 성장하고 치유하는 데 쓸 수 있는 도구를 즐기며 배울 수 있을 것이라고 믿는다.

선택을 못하게 하면 저항이 생긴다

정신과 병동에서 일하는 동안 나는 기존의 방식이 얼마나 많은 사람에게 영향을 미치는지 주목해볼 수 있는 기회가 많았다. 지배하려는 생각으로 꽉 차 있던 동료 간호사는 종종 병동에 폭력을 일으키는 상황을 만들어냈다. 예를 들어보자.

어느 날 밤, 그날의 담당 간호사가 내가 잠시 다른 환자와 함께 병동을 뜬 사이에 내가 돌보고 있던 환자를 격리해버렸다.(격리란 환자가 자신의 방에 갇혀있는 상황이다.) 나는 돌아온 후에 환자 방으로 가서 이야기를 나누고 싶었다. 그러나 담당 간호사는 이렇게 말했다. "들어가지 마세요. 아마 환자가 문으로 돌진해올걸요."

그 환자는 방 밖으로 나오고 싶어 했다. 그래서 나는 잠긴 문을 통해 그 환자에게 침대에 앉아줄 수 있는지 물어보았다. 그는 동의했다. 그가 직원의 요구에 협조할 수 있다는 것을 보여준 것이다. 나는 다시 담당 간호사에게 환자의 방에 들어가 이야기하는 것을 허락해 달라고 부탁했다. 담당 간호사는 여전히 문을 여는 것을 불안해했다. 그래서 나는 환자에게 당신의 협조에 감사하지만 담당 간호사가 당신이 행동을 잘 통제하지 못할까봐 긴장하고 있어서 지금 곧바로 문을 열 수는 없을 것 같다고 이야기했다.

담당 간호사가 이 말을 듣고는 재빨리 말을 가로챘다.

"내가 긴장하고 있다고 말하지 말아요. 말을 잘 들으면 문을 열어준다고 해요."

나는 이런 말이 병동을 움직이고 있는 사고방식을 잘 보여주는 지표라고 생각한다. 환자와 '협력하는' 관계를 구축하는 대신 직원은 지배전략을 통해 '거리감'을 만들어낸다. 환자에게 자신의 인간적인 면을 숨기면 '우리 편 – 저쪽 편'으로 편을 가르는 환경을 만들고, 이는 환자의 협조와 치유를 막는다는 사실을 그들은 인식하지 못한다.

모든 사람이 그렇듯이 환자도 존중받기를 원하기 때문에 환자에게 함부로 낮추어 이야기하면 폭력이 일어날 가능성이 높아진다. 우리가 그들의 욕구를 돌보지 않으면 환자는 그 욕구를 충족하기 위해 더 많은 행동을 한다. 환자는 자신의 욕구를 충족하기 위해 종종 폭력적인 방식으로 행동하는데, 자신의 욕구가 무엇인지도 잘 모르고, 어떻게 건강한 방식으로 욕구를 충족하는지도 모르기 때문이다. 이럴 때 직원이 환자에게 언어적 혹은 물리적으로 억압하는 방법을 이용하여 '폭력적으로' 대하면 분위기는 계속 적대적일 수밖에 없다. 협력과 치유는 일어나지 않는 것이다.

멘도타 정신병원의 중증 치료감호 병동에 NVC를 도입하자 환자를 구속하고 격리하는 회수가 줄어들었을 뿐만 아니라 환자와 직원이 서로에게 공감을 해주기 시작했다. 해마다 토네이도가 오는 시기에는 병원에서 환자를 방 안에 가두어두는 훈련을 하는데, 이때 대개 환자는 폭력적으로 행동하기에 직원에게는 아주 힘든 시기였다. 그러나 이번 해에는 환자들이 조용하고 협조적이었다. 무엇이 바뀌었는지 물어보았더니, 이렇게 대답했다.

"직원들이 더 이상 우리를 힘으로 누르려 하지 않아요. 우리를 방에 가두는 것은 우리만큼이나 직원들도 그렇게 하는 것을 좋아하지 않는다는 것을 알게 되었어요."

힘들어하는 환자에게 공감을 해주면 긴장감이 줄어들고, '협력' 관계를 만들어낸다

우리가 서로에게 공감을 하면 서로 신뢰하는 연결이 생기고, 힘겨루기가 아닌 비폭력적인 해결 방법이 떠오를 수 있게 된다. 이와 반대로 환자에게 필요한 공감과 존엄성의 욕구를 무시하면 환자의 마음속에서 저항감이 생기게 된다. 이러한 사실을 보여주는 예가 어느 날 밤 우리 병동에서 일어났다.

폴라라고 하는 젊은 여성이 자살하겠다고 주변을 위협하다가 병원에 실려왔다. 폴라는 병동에 갇혀 있게 되자 화가 머리끝까지 났다. 그녀는 말했다. "여기는 감옥 같잖아. 내가 왜 벌을 받아야 하냐고!" 근처에 세 명의 직원이 있었는데, 그 환자는 나를 지목하며 말했다. "나 당신하고 이야기할래요."(그녀는 예전에 우리 병동에 있었던 적이 있었다. 내 추측으로는 내가 연민으로 자신을 대할 것 같다고 생각해서 나를 지목한 것이 아닌가 싶다.)

나는 폴라가 보는 관점을 공감하면서 이해해주기 시작했고, 그녀는 조금씩 진정되어갔다. 나는 우리 사이에 편하고 마음이 놓이는 좋은 연결이 형성되고 있는 것을 느낄 수 있었다. 나는 폴라와 나 사이에서 일어나는 변화가 병동을 보다 화목하고 조화로울 수 있게 만들 수 있을 것 같은 자신감이 들었다.

그런데 내가 연결을 하고 있는 동안 다른 직원 한 명이 성큼성큼 걸어와 그녀 바로 앞에 섰다. 그는 이렇게 말했다. "자 됐어 이제 그만하고" 하면서 환자복 한 벌을 그녀에게 들이밀었다. "지금 입고 있는 옷은 벗고 이 옷 입어." 폴라가 말했다. "나한테 그런 식으로 말하지 마!" 직원은 그녀를 손가락으로 가리키며 방으로 들어가 옷을 갈아입으라고 말했다. 그녀는 말했다. "나한테 손가락질 하지 말라고! 나는 내 옷은 안 벗을 거니까!"

이런 대화가 계속되면서, 폴라는 점점 더 화를 냈고, 결국 그 직원은 그녀를 방 안으로 밀어넣고 문을 잠가버렸다. 직원이 떠난 후 나는 폴라가 자기 옷을 그대로 입은 채 침대에 앉아 벽을 바라보고 있는 것을 보았다. 근처에서 있던 직원 한 명이 이렇게 말했다. "저 여자 확실히 축II특징을 가진 것 같아."

이렇게 환자에게 꼬리표를 붙이며 폭력적으로 대하면, 병동은 평화로운 방향으로 나아가지 못한다. 그녀는 자기에게 감옥같이 보이는 환경 속에 던져진 것이 두렵고 혼란스러웠다. 그녀는 꼬리표, 진단, 그리고 폭력적인 대우가 아니라 공감과 정보가 필요했다.

그녀는 병동에서 머무는 동안 누군가와 이야기하고 싶을 때면 나를 찾았다. 그렇게 작은 공감을 해주는 것만으로도 그녀가 마음을 열고 자기 이야기를 나눌 수 있을 만큼 안전하게 느낄 수 있는 분위기를 만들 수 있었다.

정신과의 지배적 시스템은
가정에 존재하는 지배적 패턴을 지속시킨다

이런 예를 하나 들어보자. 한번은 우리 병동에 조현병 진단을 받은 스무 살의 남성 환자 한 명이 있었는데, 그는 항정신병약을 먹는 것을 거부했다. 내과의사인 그의 아버지가 찾아왔을 때, 아들이 말하는 것이 조리 없게 들렸고 망상에 괴로워하는 것을 보고는 벌컥화를 냈다. 아들이 약 먹는 것을 거부하면 직원이 주사라도 놓았어야 했다고 이야기했다. 그는 직원들이 아들을 보다 더 강력하게 통제해줄 것을 요구했다.

이와 반대로 환자의 어머니는 병원에서 환자에게 약을 억지로 먹이더라도 퇴원만 하면 아들이 약을 먹지 않을 것이라는 점을 알고 있었다. 환자 어머니의 말씀에 힘입어 나는 아들이 보다 마음을 열 수 있는 다른 치유방식을 시도해보는 것이 좋을 것 같다는 이야기를 했다. 환자 아버지는 되물었다. "어떤 거요?" 나는 그 환자가 자신이 관심을 가지고 있다고 이야기해준 두 가지 제안을 말했다. 이 두 가지 제안에 환자 아버지는 이렇게 대답했다. "소용없을 걸요."

약물치료라는 한 가지 방법만 강조하는 이 아버지의 주장은 아버지로서 그리고 내과의사로서의 통제욕구를 반영한 것이 아닌가 한다. 지금까지 이 두 가지 역할에서 '성공'은 지배력을 보여주는 것과 연관되어 있기 때문이다. 질병을 통제하거나 다루기 힘든 어린애를 통제하는 것은 지배를 기반으로 한 역할이 '잘하는 일'이었다.

그러나 한 가지 전략만을 강조하며 상황을 통제하려는 아버지의 주장은 실제로 아버지가 힘들어 하는 아들과의 사이에 특정한 역학 관계를 만들어냈고, 아버지는 이로 인해 엄청난 고통을 당하고 있었다. 아들의 생각을 존중해주지 않고 약을 먹이려고만 했던 아버지의 전략은 저항과 반항, 그리고 혼란을 만들어냈다. 아버지가 왔다간 후 환자는 더욱 횡설수설했고 망상 증상도 더욱 악화되었다.

이와 좀 다른 결과를 얻고 싶다면, 모든 차원에서 공감이 필요하다. 아들은 약을 거부하게 된 이유에 대한 공감이 필요하고, 아버지는 좋은 아버지 그리고 좋은 내과의사가 되고 싶은 욕구에 대한 공감이 필요하다. 그리고 양쪽 분야 모두에서 자신이 믿고 있는 식으로 성공을 하기가 얼마나 힘든지에 대해서도 공감이 필요하다.

병원뿐만 아니라 가족 구성원 안에서 지배관계에 대해 편안하고 안전하게 대응할 수 있는 분위기만 조성되었다면 아들은 치유될 수 있는 기회가 있었을 것이다. 의료기관이 저항을 더욱 강화하는 지배관계로 운영되는 한 의료계 종사자는 어떻게 해야 환자와 동반자가 되는지 알 수 없다. 또한 안전, 자율성, 신뢰를 바탕으로 한 관계, 자신에 대한 인정 같은 환자의 핵심 욕구를 충족하도록 의료계 종사자가 자신의 기술을 개발하기는 어려울 것이다.

'강요와 통제'로부터 '부탁과 공감'으로–전혀 다른 세계

어느 날 저녁, 나는 에리카라는 이름의 섭식장애 환자를 담당했다. 내가 막 출근했을 때, 그녀는 자신의 정맥 펌프를 밀면서 병동을 돌아다니고 있었다. (그녀는 구토로 인한 전해질 불균형 때문에 정맥주사가 필요했다.) 그런데 펌프의 배터리가 떨어져서 삑삑 소리가 났다. 담당 간호사가 내게 말했다. "저 여자한테 자기 방으로 가서 펌프에 전원을 꽂으라고 말 좀 해줘요. 협조하지 않으면 감금시킬 거니까." 내가 다가가자 에리카는 화가 나 보였고, 내가 말하는 모든 것을 비판했다. 예를 들면, 내가 그녀가 말한 무엇에 공감을 표시하면 그녀는 즉시 말을 가로막으며 이렇게 말했다.

"그런 식으로 나한테 말하지 마요!"

나는 그녀의 방어적 반응을 유도하지 않으면서 말할 수 있는 것이 하나도 없다는 것을 알아차렸다. 그래서 입을 다물고 그냥 듣기만 했다. 곧 에리카가 물어보았다.

"왜 아무 말도 안 해요?" 나는 대답했다. "당신을 열 받게 하지 않으면서 말할 수 있는 것이 무엇인지 몰라서 혼란스러워서요."

바로 그 순간, 나를 향한 그녀의 화가 가라앉았고 훨씬 수용적인 상태가 되었다. 나는 그녀가 펌프의 전원을 꽂지 않으면 정맥이 혈전으로 막혀버릴까 걱정된다고 이야기했다. 그리고 펌프를 전원에

꽂아줄 수 있는지 부탁했다. 그녀는 화장실에 다녀온 후 그렇게 하겠노라고 대답했다. 나는 그녀의 말을 공감으로 듣고, 강요 대신 부탁을 했다. 대화 끝 무렵에 그녀는 이렇게 말했다.

"나한테 이렇게 잘해줘서 고마워요. 훨씬 기분이 좋아졌어요."

그녀는 직원이 자신에게 무언가를 하라고 불친절하게 지시하는 식으로 말할 때 "열 받아요"라고 덧붙였다. 그럴 때는 그 일이 하고 싶지 않다고 말했다.

에리카의 사례는 '강요와 통제'의 대화 패턴에서 NVC의 '부탁과 공감' 모델로 전환함으로써 전혀 다른 결과가 나올 수 있다는 가능성을 보여주는 좋은 사례이다.

환자에게 공감을 하며 존중하는 마음으로 부탁을 하면 판단, 분석, 강요를 할 때보다 훨씬 더 협조를 이끌어내기가 쉽다. 이유는 무엇일까? 간단하다. 우리 모두는 어느 누구에게도 무엇을 하도록 시킬 수 없다. 폭력을 사용해 우리가 원하는 것을 하지 않은 상대방을 후회하게 만들 수는 있다. 그러나 그 사람 자신에게도 또 다른 이에게도 바람직한 방식으로 행동하게 만들고 싶다면 열쇠는 대화에 있다.

당신은 강요를 하고 있습니까?
아니면 부탁을 하고 있습니까?

모두에게 도움이 되는 대화 방법을 배우는 첫 단계는, 우선 우리의 습관적인 대화방식이 어떻게 다른 이의 문제 행동을 계속하게 만드는지 이해하는 것이다. 우리가 지배하는 힘을 쓰면서 상대방에게 무언가를 강요하면 환자는 습관적인 반응 패턴을 계속하게 된다. 상대방에게 강요를 하는 대신 공감과 부탁을 하면 우리는 인간적인 연결을 만들게 된다. 이러한 인간적인 연결은 모든 사람의 욕구를 충족할 수 있는 가능성을 가져다주는 기반이다.

그러면 이제 부탁과 강요의 차이에 대해 좀 더 자세히 살펴보고, 이렇게 서로 다른 대화방식이 어떻게 다른 결과를 만들어내는지 그 과정을 따라가보자.

우리가 환자에게 무언가를 강요하는 순간마다 자율성과 통제라는 환자의 욕구를 자극하게 된다. 자율성과 자기결정권에 대한 인간의 갈망은 대단히 강하다. 그래서 이러한 욕구를 충족하지 못하는 상황이 오면, 환자는 설령 자신에게 해로운 일이 생긴다고 하더라도 그것을 감내하면서 강요에 저항하게 된다.

섭식장애 환자인 에리카의 경우, 어느 누구도 그녀가 음식을 먹게 만들 수 없다는 것이 이미 증명되었다. 그녀는 그것을 지난 25

년간 증명해왔다. 자신이 상황을 통제하고 있다는 느낌 자체가 그녀의 섭식장애를 유지하는 중요한 요인이라는 것은 의심할 여지없는 사실이다.

왜 사람들은 에리카가 외부에서 오는 강요와 통제방식에 조용히 복종하리라고 기대하는 것일까? 이러한 생각 대신 자기 자신을 통제하려는 에리카의 눈물겨운 행동을 회복을 위한 핵심 요소로 보는 것은 어떨까? 연민과 존중으로 대하는 것만이 그녀가 이러한 역학관계에서 해방되어 치유를 향해 나아갈 수 있는 유일한 길일 것이다.

자기 자신을 통제하고 싶어 하는 욕구는 환자에게만 있는 것이 아니다. 환자가 얌전히 복종하는 대신 자신에게 해로운 행동을 선택하기도 하는 것처럼 직원 역시도 그렇다. 자율성에 대한 욕구는 직장을 유지하고자 하는 갈망보다 힘을 휘두르는 책임 간호사 눈에 들고 싶은 갈망보다 종종 더 큰 때가 있다. 실제로 독단적이고 직원의 기본적인 자기결정권을 침해하는 회사 측의 요구에 복종하는 대신 회사를 떠나기로 결정하는 직원이 많이 있다.

강요와 부탁은 어떻게 구별하나

표면적으로 강요와 부탁의 차이는 매우 간단해 보인다. 부탁에서는 선택의 여지를 주지만 강요에서는 그렇지 않다. "신발을 신어줄 수 있겠어요?"는 부탁처럼 들린다. "지금 당장 신발 신어"는 명백한 강요다.

그런데 어떤 강요는 알아채기가 쉽지 않다. 마치 부탁인 것처럼 가장했기 때문이다. 이 차이를 알아보는 가장 좋은 방법은 부탁을 받은 사람의 선택에 따른 결과를 살펴보는 것이다. 부탁을 했는데 "싫다"는 반응에 처벌이 가해진다면, 이것은 부탁이 아니다. 부탁을 가장한 강요일 뿐이다.

예를 들어보자. 내가 환자에게 "신발을 신어줄 수 있겠어요?"라고 물었을 때 환자가 "싫어요"라고 대답한다면? 그 대가로 환자에게 언어적·물리적인 처벌을 가하거나 환자가 소중하게 여기는 무엇인가를 압수한다면, 내 부탁은 분명히 강요이다. "신발을 신어줄 수 있겠어요?"라는 나의 질문이 진정한 부탁이었다면 환자는 "싫어요"라고 대답했을 때 처벌이 아니라 이해를 받았을 것이다.

부탁인 척 가장한 강요는 간호사 사회에서도 흔히 볼 수 있다. 책임 간호사가 무엇인가를 해달라고 부탁했을 때 그 일을 하지 않기로 선택한다면 모종의 처벌이 뒤따를 것이다. 그런데 문제는 이러한 강요에 대해 "예"라고 말하고 복종하거나 "아니오"라고 말하고 처벌을 받는 진퇴양난의 궁지로 상대방을 몰아넣는다는 점이다.

우리가 강요에 복종하면, 자신의 자율성과 존중에 대한 욕구에 반해서 행동한 것이기 때문에 화가 나게 된다. 우리는 점점 자신의 욕구, 특히 자율성과 존중을 지키지 못하게 되고, 더 쉽게 소진된다.

진정한 부탁을 하는 것은 연민으로 상대방이 진정한 선택을 할 수 있게 하고, "예"를 하든 "아니오"를 하든 상대의 대답을 수용해주는 것이다. 이렇게 진정한 부탁을 하는 것은 우리 모두에게 안전한 환경을 만들기 위한 중요한 방법이다.

모든 인간은 자기 통제와 자율성에 대한 기본 욕구를 가지고 있다. 이러한 욕구를 존중하고, 이들과 함께한다면, 지배체제의 자연스런 결과인 저항과 반항은 일어나지 않을 것이다.

우리 삶 속에 스며들어 있는 폭력성, 그리고 자신을 치유하고자 하는 욕구

정신과 환자를 치유할 수 있는 안전하고 비폭력적인 환경을 만드는 핵심 요소는, 지배하는 의사소통에서 협력하는 의사소통으로 전환하는 것이다. 그러나 정신과 치료가 폭력을 부추기는 문화적 맥락

속에서 이루어지고 있다는 점을 인식하는 것 역시 중요하다. 그런 폭력을 방지하기 위해서 우리가 해야 할 큰 부분은, 우리의 문화와 삶 깊숙이 스며들어 있는 폭력을 충분히 이해하는 것이다. 그것은 우리가 각자 자신 내면을 주의 깊게 들여다보아야만 알 수 있다.

우선 우리는 미국이 세상에서 가장 폭력적인 나라 중 하나라는 사실을 인정해야 한다. 우리는 폭력적인 사람으로 사회화되었다. 이는 만화, 영화, 게임, 그리고 우리가 쓰는 판단의 말을 통해 이루어졌다. 우리는 다른 사람에게 고통이나 좌절감을 느끼게 하는 말을 한다. 그런 말은 상대를 옳다 그르다 혹은 좋다, 나쁘다, 매력적이거나 못생겼다, 유능하거나 무능하다 등의 말로 나타난다. 이러한 개념은 우리 인식 속에 너무나도 깊이 박혀서 사람들은 이런 개념의 폭력성을 보지 못하게 되었다.

예를 들어보자. 우리는 "~해야 마땅하다"라는 말을 하면서 다른 사람을 처벌하거나 상을 주는 것을 정당화한다. 만약 어떤 사람이 우리가 좋아하는 일을 하면, 우리는 "그 사람은 상을 받아야 마땅해"라고 말한다. 어떤 사람이 우리가 원하는 것을 해주지 않으면, 우리는 "그 사람은 벌을 받아야 마땅해"라고 말한다. 우리는 "~해야 마땅하다"라는 말로 쉽게 스스로 재판관이 되고, 처형 집행인도 된다.

1971년에 '스텐포드 감옥실험'이라 불리는 연구가 진행되었다. 이 연구에서는 대학생을 무작위로 교도관과 수감자로 배정하여, 2주

동안 모의 감옥에서 각자의 역할을 수행하도록 했다. 그러나 교도관을 맡은 학생들이 너무나 빨리 잔인해져서 실험을 불과 6일 만에 끝내야 했다. 이렇듯 한 그룹의 사람이 다른 사람을 지배하게 되면 언제라도 폭력은 일어나기 쉬워진다.

의료기관에서 폭력이 사라지기를 바란다면, 먼저 우리 자신의 상처를 깊이 살펴보는 동시에 스텐포드의 교도관처럼 부지불식간에 지배체제의 앞잡이가 돼버릴 수 있는 우리 내면의 가능성을 조사하는 것으로부터 시작해야 한다. 밖에서 일어나는 폭력을 바꾸려면, 우리 안에서 일어나는 폭력을 먼저 바꾸어야 한다. 이는 폭력의 가해자였던 경험과 피해자였던 자신의 경험 둘 다에 대해 연민을 가지고 깊이 살펴본다는 뜻이다.

다른 이의 폭력성을 알아보는 것은 어렵지 않다. 그러나 무언가 특별한 계기가 있기 전까지는 자기 자신의 폭력성에 경각심을 갖기란 쉽지 않다. 의식적으로 자신의 폭력성에 대해 인식하기 전까지는 그것을 다른 이에게 무의식적으로 투사하게 된다.

실망스런 상황이 있을 때 폭력적으로 반응하는 문화적 패턴을 극복할 수 있는 적절한 지원과 도구가 없으면 누구나 폭력적으로 될 수 있다. 이같은 개개인의 해결되지 않은 폭력성은 (꼬리표 붙이기 등의 비인간적인 언어와 결합되어) 다른 사람을 학대하는 환경을 만들고 유지하게 된다. 자신의 폭력성을 환자에게 투사하는 직원은 환자를 적대적이고, 공격적이면서 폭력적인 방식으로 대한다. 특히 위협적으로 보이고, 심한 말을 함부로 하는 환자에게는 더욱 가혹하게 대한다.

매일 같이 화를 내고, 직원을 적대적으로 보고, 폭력적으로 나오기도 하면서, 어떤 때는 환자를 돌보기 위해서 열심히 노력하는 직원에게 완강히 반항하는 환자를 다루자면 아무리 헌신적인 직원이라도 좌절하게 된다. 이런 종잡을 수 없는 환경에서는 직원이 환자를 함부로 대하거나 환자에게 화풀이를 하는 일이 쉽게 일어날 수 있다. 직원 자신이 폭력과 어떤 관계를 맺고 있는지를 신중하게 다루는 노력이 없다면 정신과 병동은 계속해서 폭력의 고리가 이어지는 무대가 될 것이다.

어렸을 때 받은 학대의 영향 이해하기

습관적인 삶의 패턴을 바꾸는 것 자체가 치유의 한 과정이다. 앨버트 아인슈타인Albert Einstein이 이야기했듯이, "문제를 만든 바로 그 사고방식으로는 문제를 해결할 수 없다." 새로운 사고방식으로 전환하는 것이 바로 NVC가 하고자 하는 일이다.

우리는 NVC라는 도구를 통해 지금까지와는 다른 인식을 경험하게 된다. 이러한 새로운 사고방식으로 우리는 폭력을 멈추게 되고, 우리 자신과 다른 이를 치유하는 방법을 찾게 된다. 또한 우리는 NVC 언어를 통해 무의식적인 습관이 아닌, 우리가 지금 가지고 있는 가치에 기반을 둔 새로운 시스템을 만들어낼 수도 있다.

삶의 패턴을 바꾸는 것은 알아차림에서 시작한다. 그리고 이러한 알아차림은 용기와 지지가 필요하다. 자신이 살고 있는 문화권에서 아이들에게 가해지는 폭력을 자세히 살펴보지 않는 한, 정신병동과 기타 의료기관에서 일어나고 있는 폭력의 고리를 성공적이고 의미 있게 해결하기는 어려울 것이다.

가정에서 학대를 받으면서 자라는 아이는 종종 가해자와 자신을 동일시하면서 그 사람이 자기가 잘 되라고 자기를 때렸고, 자기의 나쁜 성품 때문에 벌을 받고 있다고 믿곤 한다. 성인이 된 이후의 삶에서 자신의 폭력적인 행동도 같은 방식으로 정당화한다. 그리고 이렇게 말한다. "내가 맞은 게 나한테 크게 해가 되지는 않았어. 그래서 내가 정신을 차렸지."

부모 자신이 어린 시절에 받았던 학대를 의식하면서 돌아보고, 억눌린 감정과 욕구를 다시 느끼고 회복이 될 때까지는, 자신이 받은 고통스러운 방식 그대로 자신의 아이를 학대하게 된다.

마찬가지로, 이렇게 학대받으며 자라난 아이들이 – 아직 억눌린 자신의 감정은 알아차리지 못한 채 – 성인이 되어 정신과 병동에서 일하기 시작하면, 그들은 환자를 감금하거나 다른 처벌을 하면서 자신이 환자를 돕고 있다고 생각한다. 자신이 어렸을 때 배운 대로 세상에서 어떻게 처신해야 하는지를 환자에게 가르쳐준다고 믿는다.

치유 전문가들은 어린 시절에 받은 학대가 이후의 삶에서 여러 가지 다른 방식으로 드러나는 것에 주목하면서 흥미로운 통찰을 얻고 있다. 어린 시절 경험한 폭력을 자신이 인식하지 못하고 있을 때는 종종 신체의 병으로 드러나기도 한다.

의사인 크리스티안 노스럽Christiane Northrup에 의하면, 모든 감정은 몸에서 일어나는 생화학적 현상이라고 한다. 억눌린 감정은 몸에서 물리적으로 드러난다. 억눌린 감정을 느끼도록 자신에게 허락하고, 자신의 삶에서 일어난 일의 진실을 받아들이면 신체의 치유도 일어날 수 있다.

진실을 이해하고 그것을 말하는 것에는 큰 용기가 필요하다. 우리 자신과 환자가 치유되기 위해서는 문화적인 규범을 넘어서야 하고, 때로는 우리 안에 깊이 박혀 있는 신념에 반하여 느끼는 감정도 무릅써야 한다.

예를 들어, 앨리스 밀러Alice Miller는《몸은 거짓말을 하지 않는다》라는 자신의 책에서 자궁암에 걸린 한 여성을 묘사했다. 자궁암을 치유하기 위해 그녀는 어린 시절에 부모가 자신을 학대했다는 사실을 인식해야 했다. 그녀가 진실을 말하기 위해서는 부모님을 사랑하고 존경해야 하고, 복종해야 한다는 강력한 문화적 명령에 맞서야 했다. 그러나 일단 그녀가 위험을 무릅쓰고 무슨 일이 일어났는지 자신의 진실에 대해 이야기하면서 억눌러놓았던 감정을 느낄 수 있게 되자 암은 사라졌다.

나의 과거 이야기 역시 마음속으로 해결되지 않은 어린 시절의 폭력이 그 사람의 모든 인간관계에 어떤 영향을 미치는지 보여주는 또 다른 일례이다.

우리 부모님은 그 당시 문화에서 보편적인 방식으로 나를 길렀다. 부모님은 판단하고, 비판하고, 수치심을 주고, 가끔 매를 드는 것이 나에게 도움이 된다고 생각하셨다. 그렇게 해서 내가 이 험한 세상에서 살아남을 수 있기를 바라셨다.

그러나 그런 양육방법의 결과는 부모님이 원했던 것과는 정반대였다. 나는 자아존중감과 자신감에 상처를 많이 입어 결과적으로 살아남기가 더욱 어려워졌다. 나는 건강한 방식으로 살기 위해서 스스로 공감과 연민으로 돌아오는 길을 찾아야 했다.

긴 세월 동안 언어적 · 감정적 · 물리적 폭력을 경험했고, 또한 공감과 연민의 효과도 경험해본 사람으로서, 나는 어떻게 대하는 것이 사람을 행복하게 하고, 적응을 잘하고, 자신감 있고, 사회에 기여할 수 있는 사람으로 만드는지 분명히 알고 있다.

우리 자신을 치유하는 한 부분은, 다른 사람이 밖으로 어떠한 행동을 하든 그들 마음속에 있는 인간 본연의 모습을 보는 것을 배우는 것이다. 비난하는 생각에 계속 머물러 있으면 피해자 의식에 붙잡혀 있게 된다. 우리가 성장하는 동안 무슨 일이 있었는지 이해하고, 해결되지 않은 고통에 대해 공감을 받는 것이 중요하다. 그렇지만 우리 부모님이 우리에게 고통스러웠던 식으로 행동하면서 충족하려고 했던 욕구를 이해하는 것 역시 중요하다.

우리가 옳고 그름의 잣대로 생각하고 그에 따른 꼬리표에 매여 있는 한, 우리는 우리 자신의 무의식적인 부분을 인식할 수 없을 것이다.

어떻게 폭력의 고리를 끊을 것인가?

이 장에서 우리는 정신과 병동에 내려오는 폭력적인 면을 바꿀 수 있는 여러 가지 방법을 살펴보았다. 그런데 그 중 몇몇 방법은 상당히 개인적인 작업에 속한다. 사회적으로 인정되고 있는 지배체제 안에서 우리는 각자가 피해자로서 그리고 가해자로서 내가 폭력과 어떤 관계를 맺고 있는가를 이해해야 할 책임이 있다.

우리는 각자의 어린 시절에 경험한 폭력으로 인하여 남은 상처를 치유하고 해결책을 찾아볼 수도 있다. 그럼으로써 우리는 가족 안에서 혹은 의료인으로서 이러한 삶의 패턴을 되풀이하지 않도록 의도적으로 노력할 수 있다.

개인적으로 새로운 의사소통 기술을 익힐 수 있는 힘도 있다. 우리는 강요와 부탁의 차이를 인식할 수 있게 되고, 우리 자신과 동료, 환자와 그들의 가족과 기회가 있을 때마다 공감을 연습하면서 정신병을 치유할 수 있는 성공적인 방법을 함께 찾아낼 수 있게 될 것이다.

정신과 병동을 위한 비폭력 모델을 만들려면 시스템 차원의 쟁점에도 관심을 가져야 한다. 그리고 오로지 개개인의 생리적 상태에만 초점을 맞추던 정신병에 대한 기본 개념에 도전하고 거기에서 벗어날 수 있는 용기도 필요하다. 이는 또한 거대한 제약산업을 부양하고 있는 기본 전제에 도전한다는 것을 의미한다.

궁극적으로는 정신병을 앓던 환자가 긍정적으로 변화하는 결과에 더 관심을 가져야 한다. 진정으로 치유를 지원하고 망가진 삶을 줄이는 데 기여하고 싶은 마음이, 지배하고 억누르고 싶은 마음보다 강해야만 한다. NVC는 이것이 단지 허황된 꿈이 아니라는 것을 보여준다. 치유를 지원하는 데 필요한 파트너십 관계를 만들 수 있는 특별한 기술이 있다. 우리가 의료기관에서, 가정에서, 그리고 우리 자신에게 이 기술을 앞장서서 사용할 때 폭력이 없는 사회를 만들 수 있다.

6장 연민, 공감, 그리고 솔직함

: 삶에 기여하는 의료 시스템을 만들기 위한 이정표

우리의 일터에서 생동감 느끼기

많은 사람이 자신의 인간적인 욕구를 충족하지 못하는 억압적인 직장에서 삶을 보내고 있다는 것은 비극이아닐 수 없다. 나는 호스피스 간호사로 일할 때 삶은 소중한 것이고 우리는 삶을 충만하게 살아야 한다는 것을 알았다. 그때부터 나는 살아 있고 생동감을 느끼는 일을 하는 것을 사명으로 삼고 있다.

세상이 무엇을 필요로 하는지를 자신에게 묻지 말라.

무엇이 당신을 생생한 생동감으로 채워주는지를 스스로에게 물으라.

그리고는 그 일을 하라.

왜냐하면 세상이 필요한 것은

생동감을 갖고 사는 사람이기 때문이다.[1]

현재의 의료 시스템은 생명을 살리고 돌보는 의료 시스템으로 바뀔 가능성이 얼마든지 있다. 의료계 종사자는 환자를 걱정하고, 많이 돌보고, 헌신하며, 열심히 일한다. 높은 교육을 받은 전문인이기에 적당한 방법만 알면 자신과 자신의 환자 모두를 치유할 수 있는 환경을 만들 수 있다.

반면 기술을 가진 이들이 앞에서 우리가 이야기한 지배 시스템 안에 갇히게 되면 결과적으로 치유보다는 도리어 해를 끼치게 된다. 그리고 의료인과 이들에게 치료를 맡는 환자 모두에게 고통스러운 상황을 만들게 된다.

NVC를 사용해 삶의 에너지를 북돋아주고, 그 속에서 사람이 피어날 수 있는 그런 인간적인 조직을 만들 수 있다. 그런 조직 안에서 모든 부서가 서로 협조하며 환자를 잘 돌볼 수 있다. 개개인은 자신의 개성을 존중받고, 축하받는다. 사람들 사이에 공감과 지지가 흐른다. 문제가 생기면 열린 대화를 통해 치유가 일어난다. 이러한 조직 안에서는 진정으로 생명을 살리는 의료 시스템을 만들 수 있다.

앞에서 우리는 연민과 공감이 얼마나 의료인 사이의 관계, 그리고 환자와의 관계를 바꿀 수 있는지 살펴보았다. 이제 NVC를 조직 문화에 어떻게 적용할 수 있는지 구체적으로 알아보기 전에 NVC의 세 번째 영역인 정직함의 중요성에 대해 깊이 살펴보도록 하자. 서로 솔직하게 말하는 것을 기반으로 하지 않으면 우리 자신과 동료, 조직, 환자와 성공적인 파트너 관계를 맺을 수 없다. 서로가 진실을 말하고 있다는 기본적인 신뢰가 바탕이 되지 않으면 그 어떠한 안내서도 지배구조를 벗어나 소통과 돌봄의 파트너 모델로 바뀌는 데 도움이 될 수가 없다.

정직하지 않은 것이 생동감과 어떤 관계가 있는가

우리 대부분은 지배 사회에서 자라면서 부정직하게 살도록 사회화 되어왔다. 우리의 진심을 다른 이에게 솔직하게 표현하는 것은 '좋지 않은 것이다'라고 배웠다. 특히나 상대방이 힘들어하고 있을 때는 솔직해서는 안 되었다. 그래서 우리의 감정과 함께 진실도 억눌러 막고, 좋은 사람이지만 생동감 없는 죽은 사람으로 살아왔다. 우리의 욕구가 다른 사람들의 욕구와 충돌할까봐 두려워하면서 진실을 말하지 않는 것이 상대방을 배려하는 것이라고 믿었다. 그 결과, 우리는 속으로는 이해받고 수용받고 싶어서 울면서도 겉으로는 억지웃음을 웃는 그런 인생을 살아간다. 그런 이유로 최근에 우울증이 유행처럼 번지고 있는 것이다. 이런 종류의 '좋은 사람'이 되려면 비싼 대가를 치러야 하는데도, 우리는 우리의 사회생활이 이런 '좋은 사람'이 되는 데 달려 있다고 믿는다.

그리고 진실을 말하면 동료들이 우리를 받아주지 않을 것이라고 생각한다.(이것이 가장 큰 두려움이다.) 그래서 우리는 정직하지 않은 행동을 계속 선택하게 되고, 건강한 파트너 관계는 유지하기 어려워진다.

정직하지 않은 것은 연결을 만들지 못하고, 착각을 지속시킨다

자신이 어떻게 느끼는지 터놓고 이야기하지 않는 사람과는 인간적으로 연결하기가 힘들다. 또한 상대방이 실제로 어떻게 느끼는지 알 수 없으면 설사 오해가 있더라도 그것을 바로잡고, 그 상황을 이해하거나 함께 대화하기가 대단히 어렵다.

언젠가 내 환자 중 한 명이 여직원을 상대로 연애를 하는 환상을 쌓아가고 있다는 것을 알게 되었다. 나는 그 환자가 현실을 올바르게 보는 것이 좋을 것 같다고 생각했기 때문에 그 환자는 직원에 대한 자신의 상상을 이야기하고, 그 직원은 환자에게 자신의 진실을 이야기해볼 것을 제안했다. 이 제안을 듣고 몇몇 직원은 이렇게 말했다.

"그렇게 할 수는 없어요. 저 사람은 아픈 환자이고, 이미 힘든 하루를 보냈잖아요."

물론 듣는 게 힘들 수도 있지만, 진실을 알고 나면 환자가 내일을 좀 더 편안히 보낼 수도 있다. 대부분의 경우 우리 모두는 진실을 알고 싶어 한다. 비록 처음에는 고통스러울지라도 말이다.

동정심과 가여워 하는 마음은 종종 정직하게 말하는 것을 방해한다. 다른 사람이 마음을 다칠까봐 걱정하면서 보호하려 할수록 우리는 그들을 점점 더 계속 착각 속에서 세상을 바라보게 하는 것이다.

그 순간에는 그렇게 느끼지 않더라도 정직함은 상대방을 위한 선물이다. 그 사람이 상처를 받을까봐 보호하기 위해서 우리가 거짓말을 하는 그 고통 자체가, 환상을 깨고 새로운 삶의 가능성으로 나아가는 데 필요한 인식 전환을 위해서 어떤 때는 그 사람에게 바로 그 고통이 필요할지도 모른다. 우리 자신이 기꺼이 정직하고자 하고 다른 이의 정직함도 기꺼이 받아주고자 할 때 우리는 진정한 삶을 살 수 있다.

정직함은 비난을 불러올 수도 있다

많은 사람이 솔직한 말을 들으면 부정적으로 반응하면서 비난하거나 판단하려 한다. 우리는 불편한 상황에 놓였을 때 이렇게 반응하도록 훈련받았다. 많은 문화권에서 삶이 고통스러울 때 비난할 누군가를 찾는다. 고통스러운 자극이 왔을 때 우리 자신의 느낌을 찾는 기회로 삼기보다는 비난이나 비판 혹은 판단의 형태로 고통을 다른 이에게 투사한다.

우리가 의료인으로서 이 역학관계를 이해하지 못하면, 아픈 사람을 돌보는 의료 현장은 지뢰밭이 될 수 있다. 의료인에게 환자는 고통을 투사할 수 있는 손쉬운 대상이기 때문에 불가피하게 지뢰를 밟게 된다.

우리가 의료적으로 그리고 대인관계적으로 완벽한 기술을 가지고 있다 해도 환자와 그 가족이 공감을 원하면서도 무의식적으로 그 반대 행동을 하는 한 우리는 편리한 표적이 되기 쉽다. 그들이 비난하는 것으로써 공감을 부탁하고 있다는 것을 이해한다면 우리는 그들의 욕구를 더 잘 충족하도록 도울 수 있을 뿐만 아니라 비난을 개인적으로 받아들이지 않게 된다.

솔직하게 표현하는 구체적인 방법

솔직함에는 여러 단계가 있다. 우리 자신의 판단에 대해 솔직할 수 있다. 물론 그것을 다른 사람에게 말로 표현하면, 다른 사람은 방어하는 반응을 보일 것이다. 다른 사람의 행동은 느낌의 자극이 될 뿐이지 느낌을 일으키는 원인이 아니라는 것을 터득하게 되면, 우리는 자신이 하는 판단에 대해서도 그것은 나의 반응일 뿐이라는 책임의식을 가지게 된다. 그리고 나의 비판이나 판단을 내 자신의 느낌과 욕구의 말로 표현할 수 있게 된다.

이러한 방식으로 대화를 하면 밖을 향하던 우리의 초점은 내부를 향하게 되고, 상대방의 협조도 보다 쉽게 이끌어낼 수 있게 된다. NVC에서는 4단계(관찰, 느낌, 욕구, 부탁)로 자신을 솔직하게 표현한다.

예를 들어보자. "메리는 정말 무례한 여자야."(비난의 초점이 밖으로 향하고 있다) 메리에게 "무례하시네요"라고 말한다면, 메리는 방어하는 반응을 보이기 쉽다. 그러나 다른 방식으로 우리 마음을 표현할 수 있다. 상대방이 방어하는 반응을 훨씬 덜 자극하여 서로가 보다 더 열린 대화를 할 수 있게 된다.

이를 NVC 모델로 말해보면 다음과 같다.

"지난 회의시간에 내가 말을 끝내기 전에 당신이 말을 했을 때 (관찰),

난 당황스러웠어요(느낌).

나는 정말 내 관점에 대해 이해받고 싶었거든요(욕구).

지금 제가 하는 말을 듣고 어떤지 이야기해줄 수 있나요?(부탁)"

이런 식으로 우리의 솔직함을 표현하면 서로간의 대화가 열리게 된다. 메리가 방어하는 반응을 한다 해도, 우리는 NVC를 이용해서 그 사람과 연결할 수 있다. 예를 들어 메리가 "당신만 할 말 있는 거 아니에요"라고 이야기했다고 해보자. 우리는 이렇게 말하여 메리에게 공감을 해줄 수 있다.

"당신이 기여한 것에 대해서도 이해와 인정을 받기를 원하기 때문에(욕구), 불편하셨어요(느낌)?"

혹은 상대방을 공감해주는 대신 우리 이야기에 귀를 기울여달라고 다시 부탁할 수도 있다.

NVC에서는 우리 자신이 어떻게 소통을 하는지(남을 비난하지 않으면서 솔직하게 자신을 표현하는지), 그리고 자신의 의도(서로 이해하면서 즐겁게 연결하려고 하는지)가 무엇인지에 대해 책임이 있다고 가르친다. 반면 상대방이 우리말을 어떻게 받아들이는가에 대해서는 책임을 질 수가 없다. 그러나 우리는 그들의 반응에 공감으로 대답해줄 수 있다. 그리고 그에 대해 책임을 지지는 않는다. 왜냐하면 그들이 내 말에 어떻게 반응하느냐는 그들의 몫이기 때문이다.

우리가 일터에서 서로 솔직하게 진실을 이야기하지 않는다면, 우리의 일터는 오해와 단절된 관계로 가득 차 혼란스럽게 될 것이다. 솔직한 의사소통이라는 기반이 없으면, 나의 생각(가정)이 내가 다른 사람을 보는 눈을 흐리게 할 수 있어서 쉽게 편견을 갖게 되고, 그 사람에 대해 적이미지를 갖게 되기도 한다. 그렇게 되면 직장에서 업무의 효율성도 떨어지게 되고, 출근만 생각하면 머리가 아파지기도 한다.

윗사람 앞에서 솔직하게 표현하기

상하관계가 분명하고 엄격한 조직에서는 솔직함의 대가가 상당히 클 때도 있다. 이를테면, 간호사는 윗사람에게 솔직하게 말하는 것을 많이들 두려워한다. 병동에서 문제가 생겼을 때 윗사람에게 말하면 해고당할지도 모른다는 생각에 동료하고만 불평을 하고 화를 내며 지내게 된다.

예를 들어보자. 어느 날 저녁, 간호부장과 함께 병동 회의를 하는 중이었다. 나는 내가 투약담당 간호사로 배정되었을 때 혹시라도 실수를 하면 야단을 맞을까봐 매우 불안했다는 이야기를 꺼냈다. 그러자 다른 간호사들도 현재의 투약 시스템에 대한 우려를 조금씩 털어놓기 시작했다. 그러자 어느 순간, 간호부장이 말했다. "미리 솔직하게 말해주었어야죠. 여러분이 어떻게 느끼는지를 나한테 말해주지 않으면 내가 뭘 할 수 있겠어요?"

회의가 끝난 후 간호부장을 복도에서 다시 만났을 때 나는 부장님과는 개인적으로 아무 감정이 없고, 다만 내게 힘들었던 일에 대해 느낌을 표현하고 싶었다고 말했다. 그런데 그녀는 내가 뭔가 더 말하기 전에 화가 난 얼굴로 아무 말도 하지 않은 채 뒤돌아서 가버렸다.

그녀는 마음이 상한 것 같았고, 아마도 자신이 해놓은 일에 대한 인정과 감사가 필요했는지도 모른다. 그러나 그녀의 반응을 보았을 때, 나는 그녀가 진정으로 다른 사람의 솔직한 이야기에 관심을 갖고 있는 것인지 의심스러웠다. 직원들이 왜 그 사람에게 솔직하게 말하기를 주저하는지 이해가 되기도 했다.

반면 다른 직원들은 공개적으로 이야기해준 것에 대해 감사해했고, 그들 중 몇몇은 나처럼 그런 일에 대해 말을 꺼내기가 너무나도 두려웠다고도 말했다. 모든 사람이 이 문제를 알고 있지만 감히 아무도 수면 위로 끄집어올리지 못했다.

솔직함에 대한 두려움은 우리 문화에 토착되어 뿌리를 내리고 있다. 이러한 두려움은 직장에서만이 아니라 친밀한 남녀 사이, 개인적인 인간관계, 가족관계, 그리고 대부분의 공동체 안에서도 일어난다.

솔직하면 위험할 수도 있다
그러나 솔직하지 않으면 언제나 더 위험하다

솔직함은 우리 모두를 친근하게 만들어주고, 서로가 연결되게 만들어준다. 의료진과 직원이 솔직하게 진실을 이야기하면 의료기관은 당면한 여러 가지 과제를 인식할 수 있게 되어 환자는 보다 안전하고 직원은 스트레스를 덜 받는 조직으로 변화할 수 있다. 그런데 사람들은 조직 안에서 왜 진실을 이야기하지 않는 것일까? 그 이유 중 하나는, 솔직했을 때 자신이 해결할 수 없는 문제가 튀어나오게 될까 두려워하기 때문이다.

나는 NVC를 공부하면서부터 내가 말한 것으로 인해 어떠한 혼란이 생긴다 하더라도 정리할 수 있을 거라는 자신감이 생겼다. 그래서 지금은 더욱 솔직하게 말할 수 있다. 또한 나는 직장을 잃을 위험도 감수할 의향이 있다. 솔직하게 표현하지 않을 때 더 많은 대가를 치르게 된다는 것을 알기 때문이다. 무엇보다 나의 자아존중감을 잃게 된다.

내 자신의 욕구에 대해 더 많이 인식하게 되면서 나는 언제 솔직하게 표현할지 아니면 조용히 있을 것인지에 대해서도 더욱 명료해졌다. 우리 사회 전반이 솔직하고 열린 대화를 지지해줄 때까지는 어떤 일에 대해서는 솔직하게 표현한다는 것이 위험할 것이다.

조직도 솔직하게 말하지 않는 문화가 지속되면 많은 것을 잃게 된다. 경영진은 어떤 시스템이 비효율적인지 알 수 없게 된다. 왜냐하면 직원은 병원 시스템에 대해 솔직하게 말하려 하지 않을 뿐만 아니라 자신의 문제에 대해서도 결국 거짓말을 하게 되기 때문이다. 나와 함께 일한 많은 간호사는 진실보다는 관리자가 듣고 싶어 할 거라고 생각하는 말을 그들에게 해주었다. 이렇게 되면 관리자는 착각 속에 있게 된다. 그리고 직원과 환자는 모두에게 부정적인 영향을 미칠 수 있는 비효율적 시스템도 계속 유지하게 된다.

내가 일한 어떤 병동에서 일어난 일이다. 한 직원이 내게 어떤 일 때문에 굉장히 힘들었다고 말했다. 그런데 관리자가 그 일에 대해 물었을 때 그 직원은 미소를 지으며 괜찮다고 말하는 것이 아닌가!

다음은 다른 병동에서 일어난 일이다. 그 병동의 매니저에 대해 솔직하게 답변해달라는 설문조사가 있었다. 병원 측은 설문조사의 결과로 불이익을 당하는 일은 없을 것이니 솔직하게 답해달라고 직원들을 안심시켰다. 그러나 설문조사의 결과는 놀라웠다. 그 당시 많은 동료 직원이 특정 관리자 한 명을 싫어했고, 매일같이 내게 와서 그 사람에 대한 불평을 했음에도 불구하고, 설문조사에서는 그 사람을 칭찬했다.

이렇게 진실을 말하려 하지 않으면 시스템은 지금과 같은 상태로 지속될 것이고, 사람들은 자신들의 욕구가 충족되지 않기 때문에 계속 화를 내거나 낙담해 있을 것이다.

이렇게 진실을 말하지 않는 것이나 거짓말은 정말 사소해 보일지도 모른다. 그러나 그 결과는 참담할 수 있다. 몇 년 전, 한 환자가 응급실 밖에서 사망하여 해당 병원이 뉴스에 오르내린 적이 있다. 직원들은 환자가 거기에 있는 것을 알고 있었지만 병원 규정상 그곳에서는 어떠한 처치도 할 수 없어서 환자가 사망한 것이다. 만약 병원 직원 중 누군가가 이 규정에 대해 의문을 제기하고 응급처치를 하여 환자가 목숨을 구했다면, 그래서 사회적으로 떠들썩했던 질타를 피할 수 있었다면, 병원은 아마 감사하게 여겼을 것이다.

모두의 욕구를 배려하는 조직을 만들기 위해서는 보복에 대한 두려움 없이 솔직하게 소통을 할 수 있어야 한다

이미 몸에 배어버린 솔직하지 못한 행동을 바꾸기 위해서는 직원들이 솔직하게 말하기를 연습하고, 그렇게 말하려고 할 때 안에서 일어나는 감정에 대해 공감을 받을 수 있는 안전한 공간을 만드는 것이 필요하다. 이곳에서 직원들은 솔직하게 말하는 연습을 할 수 있고, 아직은 어색한 솔직함으로 인해 혼란한 마음에 대해 공감 받을 수 있다. 이때 솔직하지 않은 자신의 행동 패턴을 바꾸는 데 NVC라는 도구를 사용할 수 있다. 또한 NVC 모델을 솔직하게 표현하기 위한 지침으로 사용할 수도 있다.

병원에서 직원을 존중하고, 윗사람의 의견과 상반된 의견일지라도 표현할 수 있게 격려하다 보면, 직원도 점점 자신의 의견이 존중받고 있다는 것을 확신하게 되는 데 큰 효과가 있다. 직원이 윗사람이 시키는 대로 따를 때 자신의 어떤 욕구를 충족하지 못하는지를 보복에 대한 두려움 없이 열린 마음으로 나누게 되면, 윗사람은 직원의 욕구를 더 잘 충족할 수 있는 방법뿐만 아니라 그들이 일을 더 잘 하도록 지원하는 방법도 발견하게 될 것이다.

반면 강요는 관료 시스템의 일부이다. 맹목적인 복종을 강요하고 이를 따르지 않는 사람을 처벌하는 조직에서는 그 규제로 시스템이 부정적 영향을 받게 된다.

우리가 속한 조직에 NVC를 도입하기 위한
10가지 아이디어

우리가 속한 조직에 NVC를 도입하여 도움을 받을 수 있는 방법은 수없이 많다. 그중 일부를 아래에 제시했다.

1. 조직체계를 검토해보자.

'지배체제'에서 '파트너 체제'으로 변화할 가능성이 있는 것은 무엇일까? 혹시 조직 전체가 상하 위계적인 체계라면? 만약 그렇다면 보다 효율적이고 성공적인 조직으로 바꾸기 위해 소시오크래시 Sociocracy를 고려해볼 수 있다. 소시오크래시는 조직 내의 개개인이 모두 동등하다고 가정하고, 구성원의 동의를 바탕으로 운영되는 경영형태이다. 여기에서는 열린 대화를 강조하고 모든 직원이 의사결정 과정에 참여할 것을 권한다.

2. 정서적으로 안전한 분위기를 만든다.

느낌과 욕구의 표현을 인정하고 지원하는 분위기를 만드는 데는 여러 가지 방법이 있다. 관리자가 NVC를 통해 공감으로 듣는 것을 배울 수도 있다. 직원평가조차도 열린 대화를 할 수 있는 기회가 될 수 있다. 그런 방법 중 하나로, 직원 한 명이 자기 자신에 대해 평가를 하고 난 후 관리자와 함께 앉아서 토론할 수도 있다. 관리자는 직원이 말한 것을 명확하고 주의 깊게 들은 후 자신의 생각을 이야기할 수 있다. 그러면 직원은 관리자의 생각을 듣고 대답할 수 있다. 이때 NVC로 갈등을 조정할 수 있는 중재자가 함께한다면 매우 효과적일 것이다.

3. 직원들의 업무에 영향을 미치는 의사결정에 직원들이 참여하도록 한다.

조직 전체의 일을 결정할 때나 전략회의에 직원을 정기적으로 참여하도록 하는 것은 모든 직원과 다양한 관점을 존중하는 시스템을 만드는 중요한 요소이다. 조직이 나아갈 방향과 방법을 찾을 때 함께 참여하는 과정 속에서 직원들은 서로 연결될 수 있다. 또한 함께 참여하여 서로가 합의해 결정한 일은 더욱 의욕적으로 수행하게 된다. 파트너 체제에서 볼 때 관리자보다 일을 실제로 하는 바로 그 사람이 어떻게 하면 그 일을 더 쉽고 안전하고 잘 할 수 있는지를 아는 것이 분명하다.

4. NVC 의식을 환기 시켜주는 체크인(check-in)을 정기적으로 해보자.

매 교대시간의 시작과 끝 무렵에 서로가 이야기하며 연결할 수 있는 시간을 넣는다. 교대하는 간호사끼리 간단한 체크인이어도 좋고,

NVC의 개념에 대해 논의하거나 그 개념을 어떻게 적용해야 하는지 의견을 묻는 시간이어도 좋다. 예를 들면, 체크인을 진행하는 사람이 '가르치려 하기 전에 공감하기'와 같은 NVC의 개념을 언제 어떻게 적용할 수 있는지 논의해볼 수도 있다.

체크인의 다른 한 예(혹은 막 일을 끝낸 간호사는 체크아웃check-out)는 근무시간 동안 즐거웠던 일과 힘들었던 일을 말해보는 것이다. 예를 들면 이렇게 말할 수 있다.

"저는 NVC를 쓰면서 말로 환자를 진정시킬 수 있었어요. 환자도 감금당하는 것을 피할 수 있었고요. 이 일을 계기로 저는 NVC를 사용하는 것에 좀 더 자신감을 가질 수 있게 되었어요."

이런 말을 할 수도 있다.

"저는 다른 환자 한 명이 샤워할 수 있게 돕고 싶었는데 그럴 시간이 없었던 것이 아쉬워요. 그 환자는 지난 일주일 동안 샤워를 못했고, 지금도 머리가 너무 더러워요."

이와 마찬가지로 근무를 시작하는 사람은 어제 근무시간 동안 힘들었던 것, 두려웠거나 후회되는 것은 물론 오늘 근무시간에 대한 희망을 나눌 수 있다. 민감한 이야기는 그런 이야기를 나누어도 안전하다고 느낄 때에만 효과가 있다. 솔직하게 나누었을 때 비난받거나 무시당하지 않을 거라는 확신이 들고, 무슨 이야기를 하든 그 말을 공감으로 받아들인다는 것을 계속해서 느끼고 확인받을 때 직원들은 안전하다고 느낄 수 있다.

이렇한 솔직하고 약점을 드러내는 이야기를 나눌 때 서로 돌보는 공동체가 이루어지고 직원은 서로를 소중히 여기게 된다. 이는 직원들이 조화롭고 생산적인 방식으로 함께 일하도록 해준다.

5. 힘든 상황이 일어날 때마다, 서로 잠깐 이야기할 시간을 가진다

그 상황에서 자극받은 직원의 감정과 반응에 공감을 해준다. 이러한 상황이 다시 발생하지 않도록 NVC를 적용하는 방법에 대해 의논해본다.

6. 각 교대마다 공감 능력이 뛰어난 직원을 한 명씩 배치한다

어려운 일이 생겼을 때, 공감 담당자가 공감이 필요한 사람에게 공감해줄 수 있다. 간호사 혹은 다른 직원도 위험한 사건이 일어난 후 두려움이 가시지 않았거나 일하면서 무언가 마음에 상처를 받았을 때 공감을 요청할 수 있다. 이렇게 공감 담당자는 직원 사이의 갈등을 해결하는 데 도움을 줄 수도 있고, 말하기 어려워하는 일을 표현할 수 있게 도와줄 수도 있다.

7. 직원들에게 NVC를 가르친다.

언제나 편하게 볼 수 있게 NVC 프로세스를 작은 카드에 인쇄하여 직원들에게 나누어준다. 회의나 보고 중에 참고할 수 있도록 프로세스 도표를 벽에 붙인다. NVC의 언어와 원칙이 같이 일하는 데 일상적 문화가 되도록 만들어본다.

NVC 교육은 일회성 이벤트가 아니라 진행 과정으로 생각한다. NVC는 시간을 들여 계속 연습해야 한다. 정기적인 NVC 교육을 받으면서 직원들이 NVC를 좀 더 능숙하게 사용할 수 있게 되고, 동시에 NVC를 배우고 사용하면서 겪었던 여러 가지 어려움에 대해 서로 나눌 수 있는 기회가 된다. 말하는 방법을 바꾼다는 것은 쉬운 일이 아니다. 관심과 지원, 연습이 필요하다.

8. 정신병동에서는 모든 환자마다 그들을 진정시킬 수 있는 대책을 세워본다.

환자들이 이 일을 도와줄 수도 있다. 환자는 자신이 화가 나기 시작할 때 어떤 행동을 하게 되는지 설명해줄 수 있다.(예를 들면, 종종걸음으로 걷기, 큰소리치기, 욕설 퍼붓기, 폭식하기 등) 그리고 어떤 것이 진정하는 데 도움이 되는지도 명확히 말해줄 수 있다.(예를 들면 음악, 공감, 따뜻한 목욕, 혼자만의 시간 등) 인지 능력이 낮은 환자라면 환자가 화가 난 것처럼 보일 때 직원들이 환자의 욕구를 추측하려고 노력해볼 수 있다. 모든 사람은 같은 욕구를 가지고 있다. 모든 환자에게 공감을 하고 그들의 욕구를 충족하기 위해 노력하는 것은 안전한 병동을 만드는 데 도움이 된다.

9. 직원이 문제가 있을 때는 그 일과 관련된 당사자에게 직접 이야기하는 문화를 만들자.

의사소통 능력을 향상시키도록 교육을 받고 서로의 대화로 문제가 잘 풀리는 경험이 쌓이면 이러한 문화가 만들어진다. 그러면 뒷담화가 줄어들고, 오해도 사라진다. 이야기하기 껄끄러운 주제라면 NVC에 능숙한 누군가가 중재자 역할을 하는 것도 좋다.

10. 동료가 폭력적인 말이나 행동을 할 경우 이를 멈출 수 있는 암호를 만들어보자.

위스콘신에 있는 멘도타 정신병원에서 이러한 시스템을 도입했다. 한 직원이 환자에게 '폭력적인' 언행을 하는 것을 동료 직원이 발견하면 "전화 왔습니다"라고 그에게 말해준다. 그러면 환자에게 폭력적으로 대하던 그 직원은 사무실로 가서 개인적으로 공감을 받는다. 직원이 치유에 도움이 되지 않는 방식으로 환자를 대한다는 것은, 그 사람이 스트레스를 받았다는 표시이다. 공감을 받고 나면 지지를 받았다고 느끼게 된다. 그러면 감정 에너지가 변하고 환자를 돌보는 마음으로 대할 수 있게 된다. 이러한 지속적인 공감은 직원이 감정적으로 성장할 수 있게 도와주고, NVC라는 도구를 잘 사용할 수 있게 만들어준다. NVC는 몸으로 직접 경험할 때 가장 잘 배울 수 있다. 우리가 NVC의 개념을 머리로만 이해한다면, 정작 필요할 때는 사용하기가 불가능할 것이다.

이는 NVC를 의료기관의 프로그램으로 도입하는 수많은 여러 가지 방법 중 몇 가지일 뿐이다. 각자의 상황마다 모두 다르기 때문에 우리 자신만의 방식을 고안해야 한다. 지금 우리에게는 어떤 방법이 적절할까? 환자와 직원 모두에게 안전하고 도움이 되는 환경을 만드는 과정은 우리 모두에게 풍요로운 여정이 될 것이다.

삶에 기여하는 조직 안에서는
우리 모두의 욕구를 충족할 수 있다

어느 날 저녁, 병원에 도착하자마자 나는 복도를 지나면서 너무나도 흔한 광경과 마주치게 되었다. 간호사 한 명이 환자의 방문 밖 복도에 서서 소리를 지르며 같은 말을 계속 되풀이하고 있었다. "침대에 가서 앉아요!" 그러나 환자는 문의 반대편을 쾅쾅 두드리며 밖으로 나가고 싶다고 소리쳤다. 원하는 통제가 되지 않을 때 나타나는 전형적인 교착 상태에 빠진 상황으로 보였다.

나는 조그마한 감옥 같은 창문으로 방 안을 들여다보고는 이렇게 말했다.

"안녕하세요, 메리? 침대로 가서 앉아줄래요? 들어가서 같이 이야기 좀 하고 싶어요."

메리가 나를 보고 얼굴이 밝아져서는 얼른 침대에 가서 앉았다. 문 앞에 서 있던 간호사가 말했다. "놀라운데요. 뭘 한 거예요?"

나는 마법의 약을 쓴 것도 속임수를 쓴 것도 아니었다. 다만 나는 지난 주에 그 환자를 돌보았고, NVC를 사용해 서로를 돌보는 연결을 만들었다. 그 환자는 자신과 연결되어 있다고 느끼지 않는 직원의 강요에 복종하고 싶지 않았던 것이다. 그러나 내가 존중과 연민으로 대하자 그녀는 기꺼이 협력해주었다.

공감은 이 지구상에서 가장 단순하면서도 가장 강력한 인간의 기술 중 하나이다. 비용은 저렴하지만 효과는 매우 뛰어난 해결책으로 누구나 사용할 수 있다. 무엇보다 지금 있는 시스템에 아무것도 새롭게 '더해야' 할 필요가 없다. 왜냐하면 이것은 인간으로서 우리 존재의 일부이기 때문이다. 우리는 누구나 공감하는 능력을 타고났다. 그래서 우리의 인간성으로 서로 치유하는 연결을 지원하는 조직을 만들기만 하면 된다.

멘도타 정신병원의 중증 치료감호 병동에서는 직원과 환자가 모두 NVC 교육을 받는다. 그러고 나서 이곳은 환자의 회복을 도와주는 안식처로 변했다. NVC를 도입한 후로, 폭력적이던 병동 문화가 평화롭고 조화로운 문화로 바뀌었다. 직원의 이직은 줄어들었고, 다치는 사고도 없어졌다. 예전에는 근무 기피 부서이던 이곳으로 지원자가 몰려오고 있다. 환자는 확실히 좋아졌고, 더 자유로운 병동으로 옮겨갔다. 환자와 직원은 이렇게 말했다.

"이제는 안전해요."

중증 병동은 이제 생명을 살리는 장소가 되었다. 우리는 모두 안전하면서 치유가 이루어지는 곳에서 일할 권리가 있지 않은가?

이 책 전체를 통해서 우리는 NVC의 '공감하기'가 다른 이의 마음에 귀 기울이는 우리의 능력을 얼마나 확장해주는지 살펴보았다. 그리고 공감이 어떻게 폭력적인 상황에서도 서로를 돌보는 연결로 바뀌는지 구체적인 상황도 보았다. 또 모든 차원에서 조화를 이루며, 모두에게 도움이 되는 시스템으로 만들 수 있는 가능성도 보았다.

우리가 쓰는 언어와 시스템을 동반자적이고 돌보는 방향으로 전환한다면 환자와 동료, 그리고 조직 전체에게 유익할 것은 명확하다.

비난하고, 희생양을 만들고, 상을 주고, 벌을 주고, 지배하고, 뒤통수를 치면서 상처를 주는 시스템은 피할 수 없는 것도 '자연스러운' 것도 아니다. 그런 시스템에 편을 들어줄 필요도 없고, 그런 시스템이 당신의 몸과 마음, 그리고 영혼에 끼치는 피해를 참고 살 필요도 없다. 생각과 마음을 열면 다른 눈으로 볼 수 있어서, 이러한 부정적인 패턴이 실제로는 판단, 분리, 불신을 가져오는 더 큰 지배체제의 증후라는 것을 알게 된다.

병원은 병원의 소명과 일치하지 않는 정책에 항의할 수 있는 직원이 필요하다. 병원은 직원이 인간적인 욕구를 가진 존재임을 인식해야 한다. 직원의 욕구를 알아차리고 존중하지 않으면 병원은 인사 문제로 늘 고민하게 되고, 치료의 질은 떨어질 것이다.

우리를 인간답게 해주는 느낌과 욕구를 존중하면서, 우리가 동반자 관계로 전환하면 모든 차원에서 치료와 치유를 지원하는 삶에 기여하는 조직을 우리는 만들어낼 수 있다.

우리는 모두가 가지고 있는 이해와 존중에 대한 깊은 욕구를 충족할 수 있다. 그리고 그 과정에서 지금 소진된 직원을 교체하고, 소통의 부재로 생기는 의료 과실을 해결하고, 공감 부족으로 생기는 판단 실수 때문에 드는 셀 수 없는 많은 돈을 절약할 수 있게 된다.

의료가 변화하는 데 맞추어서 우리의 믿음 체계와 의사소통 양식 역시 변화할 필요가 있다. NVC는 인간관계를 재정립하고, 안전과 성장, 그리고 배움을 지원하는 시스템을 탐구해보는 데 필요한 도구를 제공한다.

나는 의료인이 동료를 열린 마음으로 서로 도와주는 풍요로운 일터를 꿈꾼다. 그곳은 재미있고 서로 도움을 주고받을 수 있고, 삶에 기여하는 일터이다. 우리 함께 해볼까요? 치유할 수 있는 것은 너무나 많고 잃는 것은 거의 없을 것이다.

정신과 병동과 비폭력대화

정미진(간호사, 한국NVC센터 강사)

나는 국립정신병원에서 20년 정도를 간호사로서 정신재활치료과에서 근무하면서 스트레스관리, 기분장애 질병관리 교육, 사회기술 훈련 등의 프로그램을 운영했다.

2007년도 친구를 통해 비폭력대화를 소개받고 사춘기를 지나는 우리 아이들에게 도움이 되기를 바라는 마음에서 캐서린 선생님의 워크숍에 참가했다. 그 후 좀 더 깊은 공부를 하기 위해 NVC 인증지도자 준비과정을 마쳤다. 비폭력대화는 나와 아이들을 연결시켜주는 훌륭한 도구가 되어서 실제로 서로 간의 소통에 큰 도움을 주었다. 그래서 내가 근무하는 병원 환우들에게도 도움이 되겠다는 확신이 들어서 병원에 비폭력대화 프로그램을 도입하기 위해 노력했다.

병원 측에서는 아직 검증이 되지 않았다며 난감해했지만 끈질긴 설득 끝에 프로그램을 시작하게 되었다.

나는 정신재활치료과에서 일주일에 두 번씩 한 회기에 한 시간 반에서 두 시간 정도, 총 12~18회기 동안 비폭력대화 프로그램을 운영했다. 만성환우와 초발환우, 청소년 병동 등 각 병동의 특성에 따라 회기 수를 다르게 하면서 정신재활 치료과에서 3년을 운영했다.

만성환우는 자의로 입원하는 경우도 있지만, 처음 병원에 올 때는 자신의 병을 스스로 인정하지 않아서 가족의 선택으로 강제적으로 오는 경우가 많다. 그러다 보니 선택이 아닌 강요로 치료가 시작되고, 병도 자의반 타의반으로 인정하는 상태에서 마지못해 프로그램에 참여하게 된다.

나는 환우들과 처음 만나면 프로그램 참석 여부는 물론 무엇이든 질문할 수 있으며, 어떤 차를 마시고 싶은지, 중간에 그만두고 나갈지, 발언하기 싫은 것에 대해 패스할지 모든 것을 선택할 수 있다고 알린다. 이렇게 프로그램을 진행하다 보면, 중간에 환우들끼리 다툼이 일어나기도 하는데 이때는 각자 의견을 들어보는 기회로 삼는다. 그리고 프로그램 진행 시간과 거기서 우리가 할 수 있는 것들, 회기 등을 안내한 후 서로 소개를 하고 기대하는 바를 자유롭게 나눈다. 그런 다음 그로그GROK 카드 중에서 '느낌카드'로 게임을 한다.

첫 회기에는 느낌카드를 한 장씩 엎어놓고 본인만 본 후 설명하게 한다. 그리고 다른 환우들이 정답을 맞히면 각자 언제 그런 느낌을 가졌는지 서로 나누고, 예전에 건강할 때의 경험을 나누는 시간을 가지면서 친밀감을 형성한다.

두 번째 회기에는 먼저 느낌카드를 돌리고 지금 자신의 느낌을 뽑아서 느낌 나누기를 한다. 기계적으로 하든 그냥 무표정하게 하든 한마디라도 표현을 나누는 것으로도 소중한 시간이 된다. 그리고 관찰에 대해서 배우는데, 지금 있는 곳을 관찰로 표현해보라고 한다.

그러면 대체로 "방이 환하다" "방이 깨끗하다" "방이 조용하다"에 이어서 "시계가 있다" "형광등이 있다" 같은 식으로 관찰을 표현한다. 준비된 문항을 보면서 관찰과 평가를 배우는데, 문항은 정신과에서 관찰할 수 있는 상황으로 준비하고, 마지막에 "나는 정신질환자다"라는 문항을 넣는다. 거기서 환우들에게 이것이 평가임을 말하고, 이 문항을 관찰로 바꾸게 한다.

그러면 "나는 환청을 일주일에 세 번 경험한다" "이번 일주일 동안 매일 평균 3시간 정도 잤다" "나는 입원 전에 모든 방송에서 내 이야기를 해서 집에만 있었다" 같은 여러 예가 나온다. 대부분은 듣고 몇 사람만 참여하지만 그들의 눈은 빛난다. 그렇다! 자신을 환자로 믿고 살면서, 전체 자신 중에 일부분에 불과한 증상을 본인 자신이라고 생각하면서 살아왔던 것이다. 속으로 부정도 해보지만 그렇게 믿음이 굳어져갔던 것이다.

그런 믿음에서 벗어나면 병을 부정하는 것이 아니라 자신은 스스로의 증상을 잘 관찰하고 다스릴 수 있는 주인이 되는 것이다. 그래서 우리는 주치의와 면담할 때 자신이 경험한 것을 관찰로 바꾸는 연습을 한다. 그리고 욕구카드를 돌리며 자신의 욕구를 뽑는데, 그 과정에서 카드를 뽑지 않는 사람은 한 사람도 없다.

그리고 보편적 욕구에 대해 설명한다. 원시인들에게도 있던 욕구에 대해서 "병원에 있는 우리에게도 필요한가요?"라고 물으면, 환우들은 우리도 똑같이 그런 욕구가 있다고 답하며 본인에게도 모든 욕구가 있는 걸 스스로 인정하고 활기를 띠게 된다.

욕구 부분을 할 때, 어떤 환우는 '이해'라는 욕구카드를 들고, "나는 환청이 좋았어요. 여자들의 목소리가 환청으로 들렸는데, 중학교 때부터 늘 혼자 있는 나를 위로해주었고, 늘 내가 하는 말과 생각을 이해해주었어요. 그래서 환청이 낫지 않았네요"라고 말하며 이제야 알겠다고 감격해했다.

그리고 듣기 힘든 말에 대한 역할극을 하면, 처음에는 자칼 인형을 부담스러워하지만 진행하면 할수록 하고 싶었던 말을 꺼내놓는다. 정신과에 입원한 대부분의 환우들은 자기표현을 제대로 하지 못하는 경우가 많다. 잘 못하기도 하지만 남들이 자신의 증상을 이해하지 못할 것이라고 지레짐작하기 때문에 더 못하는 것이다. 그로 인해 본인 스스로가 위축되어서 받아들이기 힘든 증상을 말로 표현하면 이상하게 보일까봐 점점 숨기게 된다. 그러다 보니 표현력도 점차 떨어지고 남들과의 단절은 물론 본인과도 단절감을 느낀다.

공감 부분은 두 명씩 짝지어서 상황을 반복적으로 연습을 한다. 처음엔 어색해하다가 차츰 흥미를 보이게 되고, 나중에는 두 명씩 앞에서 발표하듯이 한다. 환우들은 마치 진짜 동료나 부부, 부모 자식 사이가 된 듯이 연극하면서 많이 웃고 재미있어 한다.

욕구 부분이 지나면 좀 더 자주적이고 즐거운 분위기가 된다. 정말 자발성이 저절로 올라온다. 그런 과정이 이어지면서 자기공감을 한다. 지금 후회하고 있는 일에 대해서도 솔직하게 이야기한다. 입원하기 전에 부모를 때렸다거나 물건을 부셨다거나 돈을 다 써버린 일 등을 말하면서 그런 행동 속에서도 자신에게 충족하려는 욕구가 있었다는 사실에 놀라워한다. 남들은 물론 본인 스스로도 자신을 이해하거나 용서할 수 없고, 차마 남들 앞에서 말할 수 없는 상황에서도 부모님을 사랑해서 오래 살라고 악을 썼던 나, 자기표현이 너무나 절실했던 나, 아이가 너무 보고 싶었던 나 등 이제는 너무나 아름다운 자신을 만나면서 울거나 멍한 표정이 된다.

그리고 감사의 시간을 갖는데, 이는 특히 청소년이나 아이들에게 필요한 부분이다. 그 과정에서 본인에게 감사한 점을 찾아보면서 부끄러워하지만 이내 그들 얼굴에 미소가 번지는 걸 볼 수 있다.

비폭력대화 프로그램을 마친 환우 중에는 재수강하기도 하고 주변 사람에게 추천해주기도 한다. 퇴원하고 나서도 외래로 접수해서 오기도 하고, 퇴원하기 전에 프로그램을 미쳐 마치지 못한 경우에는 몇 시간씩 차를 타고 버스를 타고 다시 오기도 한다. 그렇게 와서 종이에 욕설을 잔뜩 써놓고 가는 경우도 있다. 정서적 발달의 3단계에서 우리는 1단계와 2단계를 왔다 갔다 한다. 환우들의 경우 2단계를 하고 나면 죄책감에 시달기도 하지만, 2단계의 소중함도 안다. 그래서 병증이 아닌 본인의 의지대로 마음껏 표현하고 가는 것이다.

만성환자의 경우 프로그램을 마친 후에도 겉으로 보기에는 처음과 달라진 점이 없어 보이기도 한다. 그래도 프로그램을 진행하면 처음에는 일어날 때도 눈치를 보지만 시간이 지나면 나갈 때도 당당히 나가고 행동이 점점 자유로워지는 것을 볼 수 있다. 정말 작지만 축하할 일이다.

내가 비폭력대화를 하고 나서 치료자로서 더욱 달라진 점은 존재 자체로 연결할 수 있다는 것이다. 예전에는 이해할 수 없는 환우들의 행동을 보면 "무슨 이런 병이 있나" "왜 인간에게 이런 병이 생겼을까" 하며 하나님을 원망하기도 했다. 그런데 지금은 그들이나 나나 똑같다는 것을 안다. 나와 똑같이 그들도 행복해지기 위해 인생에 주어진 숙제를 열심히 풀고 있음을 숙연히 알게 된 것이다. 나는 그들을 더 이상 아프거나 불쌍한 사람으로 여기지 않고 나와 같은 사람이라는 것을 배울 수 있음에 감사한다.

옮긴이의 말

이 책의 저자 멜라니 시어스는 1991년 이래 지금까지 비폭력대화 인증지도자로 일하고 있다. 저자는 원래 정신과 병동에서 25년 이상 정신간호사로 일했기 때문에 임상현장에 대해서 매우 구체적으로 알고 있다. 사실 병원이라는 장소는 늘 생사의 갈림길에 있는 사람들을 만나는 곳이므로 병원을 이용하는 이용자들이나 직원 모두에게 매우 긴장된 장소이다.

환자 진료가 최우선적 과제라는 임상현장의 특성상 의사소통이 하향적·지시적·폐쇄적·수동적이고, 때로는 폭력적인 경우도 적지 않다. 그래서 웬만한 감정은 배제된 건조한 대화만 오가게 된다. 병원 내의 일 자체도 긴장의 연속인데, 그 안에 있는 사람들의 대화도 공격적·폭력적이라면 환자의 생명은 물론 직원의 정서나 이직률에도 많은 영향을 미치게 된다.

우리의 병원조직문화가 지배적인 구조에서 동반자 구조로 변화되고, 그 안에서 비폭력대화로 서로의 감정과 욕구에 민감해지게 되면 환자의 생명의 물론 직원들도 즐겁고 신나는 풍요로운 삶을 영위할 수 있게 될 것이다.

이 책은 병원의 지배적이고 권위적인 문화를 바꾸고자 하는 사람들에게 구체적으로 어떻게 바꾸어나가야 하는지를 알려준다. 그래서 의료 환경을 효율적으로 만들어가려는 병원행정가, 간호사, 의사, 정신보건 전문요원들에게 꼭 필요한 필독서이다.

비폭력대화를 하게 되면 직원들의 이직률과 소진율도 낮아질 것이고, 의료인들 서로를 공감으로 대하게 되는 것은 물론 '문제 환자'를 연민으로 잘 대할 수 있다. 또한 내 자신의 욕구와 감정을 편안하게 표현할 수 있고, 타인의 욕구와 감정도 배려하고 연결할 줄 알게 되어 나와 너의 삶이 풍요로워질 수 있다.

2014. 3.

이광자

후주

1장

1) Dr. Eva S. Schernhammer, M.D., D.P.H. and Graham A. Colditz, M.D., D.P.H., "Suicide Rates Among Physicians: A Quantitative and Gender Assessment(Meta-Analysis)," *The American Journal of Psychiatry*, 161:2295-2302 December 2004.
www.ajp.psychiatryonline.org/cgi/content/full/161/12/2295

2) "Depression Among Adults Emplyeed Full-time by Occupational Category," Office of Applied Studies in the U.S. Department of Health and Human Services.
www.oas.samhsa.gov/2k7/depression/occupation.cfm

3) Ramirez AJ, Graham J, Richards MA, Cull A, Gregory WM, "Mental Health of Hospital Consultants: The Effect of Stress and Satisfaction at Work," *The Lancet*, Volume 347, Issue 9003, pp 724-28, March 16, 1996.
www.thelancet.com/journals/lancet/article/PIIS0140-6736(96)90077-X/abstract

2장

1) Rosenberg, Marshall, *Nonviolent Communication: A Language of Life*, 2nd edition
마셜 로젠버그, 《비폭력대화: 삶의 언어》(Encinitas, Caflifornia: PuddleDancer Press, 2003)
www.NonviolentCommunication.com, www.cnvc.org

2) "Max-Neef on Human Needs and Human-scale Development"
www.rainforestinfo.org.au/background/maxneef.htm

3) www.brainyquote.com/quotes/authors/a/arthur_schopenhauer.html

3장

1) Riane Eisler, *Sacred Pleasure* (New York: HarperCollins Publishers, 1995), p.21.

2) Riane Eisler, *The Real Wealth of Nations*, Berrett-Koehler Publishers, Inc. 2007. pp.30-31.

3) Riane Eisler, *The real Wealth of Nations*, p.44.

4) Walter Wriston, Citicorp.의 전직 회장, In the *Twilight of Sovereignty*(New York: Charles Scribner's Sons, 1992)의 저자.

4장

1) Naomi Remen, M.D., *Kitchen Table Wisdom*, p.66.

2) Naomi Remen, M.D., *Kitchen Table Wisdom*, p.235.

3) Naomi Remen, M.D., *Kitchen Table Wisdom*, pp. 223-4.

4) Naomi Remen, M.D., *Kitchen Table Wisdom*, p.225.

5) Marshall Rosenberg, *Nonviolent Communication, A Language of Life*, 2nd edition
   마셜 로젠버그, 《비폭력대화: 삶의 언어》(Encinitas, California: PuddleDancer Press, 2003)
   Encinitas, California: Puddle Dancer Press, 2003), p. 16.

5장

1) Martin Buber, Buber, *Between Man and Man*(New York: Routledge Classics, 2002), p. xii.

6장

1) Harol Whitman, "Motivational Quotes and Quotations"
   www.bestmotivation.com/quotes-1/of/Harold_Whitman.htm

느낌말 목록

욕구가 충족되었을 때

•가벼운	•고마운	•기쁜	•든든한
•뭉클한	•뿌듯한	•생기가 도는	•신나는
•안심한	•자랑스러운	•즐거운	•충만한
•편안한	•평온한	•평화로운	•홀가분한
•흐뭇한	•흥미로운	•희망에 찬	•힘이 솟는

욕구가 충족되지 않았을 때

•걱정되는	•괴로운	•꺼림칙한	•낙담한
•난처한	•답답한	•당혹스러운	•두려운
•불편한	•슬픈	•실망스러운	•아쉬운
•외로운	•우울한	•절망적인	•조바심나는
•지루한	•짜증 나는	•혼란스러운	•화나는

보편적인 욕구 목록

자율성autonomy
•꿈/목표/가치를 선택할 수 있는 자유
•자신의 꿈/목표/가치를 실현하기
 위한 방법을 선택할 자유

축하celebration/애도mourning
•생명의 탄생이나 꿈의 실현을 축하
 하기
•잃어버린 것(사랑했던 사람, 꿈 등)
 을 애도하기

진정성/온전함integrity
•자기 존재에 대한 믿음
•창조성 •의미
•자기 존중 •정직

몸 돌보기physical nurturance
•공기 •음식 •물
•신체적 보호 •따뜻함
•자유로운 움직임 •운동
•휴식 •성적표현
•주거 •잠

놀이play
•재미
•웃음

영적 교감spiritual communion
•아름다움
•조화
•영감
•평화
•질서

상호 의존interdependence
•수용 •감사 •친밀함
•공동체 •배려
•삶을 풍요롭게 하기 위한 기여
•정서적 안정 •공감 •연민
•돌봄 •소통
•협력 •나눔
•인정 •우정
•사랑 •안심 •존중
•지지 •신뢰 •이해

★ 위의 느낌과 욕구 목록에 자신의 것을 추가해보십시오.

NVC를 적용하는 방법

말하기	듣기
상대를 비난하지 않으면서 나 자신을 솔직하게 말할 때	상대방의 말을 공감으로 들을 때

관찰

상황을 있는 그대로 관찰하기 "내가 ~을 보았을(들었을) 때"	상황을 있는 그대로 관찰하기 "네가 ~을 보았을(들었을) 때"

느낌

나의 느낌 "나는 ~하게 느낀다."	상대방의 느낌 "너는 ~하게 느끼니?"

욕구/필요

나의 느낌 뒤에 있는 욕구/필요 "나는 ~이 필요(중요)하기 때문에……"	상대방의 느낌 뒤에 있는 욕구/필요 "너는 ~이 필요(중요)하기 때문에……"

부탁/요청

내가 부탁하는 구체적인 행동 연결부탁 "내가 이렇게 말할 때 너는 어떻게 느 끼니(생각하니)?" 행동부탁 "~를(을) 해줄 수 있겠니?"	상대가 부탁하는 구체적인 행동 "너는 ~를 바라니?"

CNVC와 한국NVC센터(한국비폭력대화센터)에 대하여

CNVC The Center for Nonviolent Communication

CNVC는 NVC를 배우고 나누는 일을 지원하고, 개인과 조직, 정치적 환경 속에서 일어나는 갈등들을 평화롭고 효과적인 방법으로 해결하는 것을 돕기 위해 1984년 마셜 로젠버그가 설립한 국제조직이다. CNVC는 모든 사람의 욕구를 소중히 여기고, 삶이 가진 신성한 에너지와 연결된 의식 속에서 살아가는 사람들이 서로에게 즐거운 마음으로 기여하며, 갈등을 평화롭게 해결하는 세상을 지향한다.

CNVC는 지도자인증프로그램, 국제심화교육(IIT), NVC교육을 위한 각종 교구재의 개발과 보급, NVC 공동체 확산 등의 활동을 하고 있다. 현재 300여 명의 국제인증지도자들이 전 세계 70개국이 넘는 지역에서 NVC의 실천과 확산을 지원하는 활동을 벌이고 있다.

5600 San Francisco Rd. NE Suite A

Albuquerque, NM 87109 USA

website: www.cnvc.org / email: cnvc@cnvc.org

한국NVC센터(한국비폭력대화센터)

모든 사람들의 욕구가 존중되고 갈등이 평화롭게 해결되는 세상을 만들고자 하는 꿈을 가진 사람들이 2006년 캐서린 한Katherine Singer 과 힘을 모아 만든 비영리 단체이다. 한국NVC센터는 NVC 교육과 트레이너 양성을 통해 우리 사회에 비폭력대화를 확산하는 일을 하기 위해 설립되었다. 교육은 (주)한국NVC교육원에서 진행하고 한국NVC센터(NGO)는 NVC의 의식을 나누는 활동을 하고 있다. CNVC의 지역조직으로서 협력하고 있다.

한국NVC센터가 하는 일

NVC 교육(한국어/영어): NVC 소개를 위한 공개강의, NVC 1·2·3, 심화, 지도자 준비 과정, IIT(국제심화교육), 중재교육, 부모교육, 놀이로 어린이들에게 NVC를 가르치는 스마일 키퍼스 Smile Keepers, 가족캠프 등.

외부교육: 기업, 학교, 각종 기관 등 조직 안에 조화로운 관계를 만들기 위하여 요청과 필요에 맞춰 교육과정을 제공한다.

상담(개인/부부/집단): 내담자의 느낌과 욕구에 공감하며, 더 행복하게 사는 데 도움이 되는 행동이나 결정을 내담자가 찾아가도록 도와준다.

중재: 중립적인 위치에서 느낌과 욕구에 기반을 둔 대화를 도와주어 모두의 욕구가 충족될 수 있는 방법을 찾아가도록 도와준다.

연습모임 지원: 모임을 위한 장소 대여, 연습을 위한 정보와 자료를 제공한다.

교재, 교구 연구개발, 제작 및 판매

번역, 출판 사업

※ 이 외에도 비폭력대화의 확산을 위한 여러 가지 일을 하고 있다.

연락처

대표문의 : nvccenter@krnvc.org 02-6291-5585

센터교육 : nvcedu@krnvc.org 02-325-5586

외부교육(강사문의) : training@krnvc.org 02-6085-5585

출판 및 판매 : book@krnvc.org 02-3142-5586

Fax. 02-325-5587

홈페이지 www.krnvc.org

주소 : (120-836) 서울시 서대문구 신촌로 3가길 33(창천동)

비폭력대화 Nonviolent Communication

마셜 B. 로젠버그 지음 | 캐서린 한 옮김 | 한국NVC센터

Nonviolent Communication: A Language of Life의 번역서로, NVC의 기본개념, NVC 모델, 프로세스 등이 자세히 나와 있다. NVC의 기본 텍스트이다. 16,000원

비폭력대화 워크북 Nonviolent Communication Workbook

루시 루 지음 | 한국NVC센터 옮김 | 한국NVC센터

NVC인증지도자인 루시 루의 개인과 연습모임을 위한 안내서. Nonviolent Communication Companion Workbook의 번역서로서, 기본 텍스트인 마셜 로젠버그의《비폭력대화》에 맞춰 한장 한장 연습할 수 있도록 도와준다. NVC를 연습해볼 수 있는 다양한 활동과 연습모임 리더에게 도움이 되는 제안 등이 담겨 있다. 15,000원

삶을 풍요롭게 하는 교육 Life-Enriching Education

마셜 B. 로젠버그 지음 | 캐서린 한 옮김 | 한국NVC센터

교육현장에서 교사와 학생들이 비폭력대화를 통해 자율성과 상호 존중을 배울 수 있는 학습 환경을 만들어가는 방법을 보여준다. 라이앤 아이슬러가 서문을 쓰고, P. E.T.의 토머스 고든이 추천하는 책이다. 교사들을 위한 비폭력대화. 12,000원

비폭력대화(NVC) 작은책 시리즈 ❶

자녀가 '싫어'라고 할 때 Parenting from Your Heart

인발 카스탄 지음 | 김숙현 옮김 | 한국 NVC센터

부모와 자녀들에게 NVC가 실제로 어떻게 도움을 줄 수 있는지 소개하고 있다. 힘든 상황에서도 서로 신뢰를 쌓고 협력을 증진할 수 있는 방법을 제시한다. 9,800원

자칼 마을의 소년시장 Mayor of Jackal Heights

리타 헤이조그, 캐시 스미스 지음 | 페기 파팅턴 일러스트 | 캐서린 한 옮김 | 한국NVC센터

비폭력대화의 핵심적인 내용을 동화 형식으로 표현한 작품이다. 서로의 차이를 인정하고 갈등을 평화롭게 해결하기 위한 비폭력대화의 핵심을 재미있으면서도 효과적으로 표현하고 있다. 9,000원

마셜 로젠버그 박사의 비폭력대화 입문과정 DVD

한국NVC센터

마셜이 하루 동안 진행한 NVC 입문과정 워크숍 The Basics of Nonviolent Communication을 녹화한 것이다. NVC를 처음 배우는 사람에게 훌륭한 기본교재일 뿐만 아니라, NVC를 알고 있는 사람에게도 깊이 있게 이해하는 데 도움이 된다. 마셜이 기타를 치면서 노래도 하며 실제 사례를 들고 있어 재미있게 배울 수 있다. 한글/영어 자막, 1세트 2DVD / 45,000원

NVC 카드게임 그로그(GROK)

한국NVC센터

느낌카드 한 묶음, 욕구카드 한 묶음, 여러 가지 게임에 대한 설명서가 들어 있다. 자신의 욕구를 더 명확하게 인식하고, 쉽게 상대방을 공감할 수 있으며 모임에서 놀이하듯 활용할 수 있다. NVC를 모르는 사람, 특히 아이들과 NVC를 나누는 데 효과적이다. 35,000원

기린/자칼 손인형(Puppets)
개당 15,000원

기린/자칼 귀 머리띠(Ears)
개당 10,000원

손인형과 귀 머리띠 세트(**각 1개씩 총 4개 한 세트**) 40,000원

만해마을 집중심화 DVD(한국어 통역)
로버트 곤잘레스, 수잔 스카이

정가 세트 250,000원(비참가자) 200,000원(참가자)
낱개 20,000원(비참가자) 15,000원(참가자)

2007년 5박 6일간 한국NVC센터 주최로 인증지도자인 로버트 곤잘레스와
수잔 스카이를 초청해서 진행한 집중심화 훈련을 DVD로 정리한 것이다.

1. 집중심화훈련 소개와 트레이너, 참가자 소개
2. NVC의 기본
3. Need에 대하여, Living Energy로 말하기
4. 공감에 대하여—수잔 스카이
5. 공감에 대하여—로버트 곤잘레스
6. 충족되지 않은 욕구의 아픔을 욕구의 아름다운 힘으로 바꾸기(데모)
7. 충족되지 않은 욕구의 아픔을 욕구의 아름다운 힘으로 바꾸기(실습)
8. 지배체제와 파트너십 체제
9. Power-under와 Power-over(지배를 당하기, 지배하기)
10. 거절하기와 거절 받아들이기—수잔 스카이
11. 자극받는 말이나 행동—로버트 곤잘레스
12. 솔직하게 표현하기—수잔 스카이
13. 욕구가 갈등하고 있는 것처럼 보일 때—로버트 곤잘레스
14. Closing 1
15. Closing 2